Dominique Albert

Pierre-Henry Tramier

Pflanzen für den Wassergarten

auswählen und pflegen

übersetzt von

Christiane Schoelzel, Straßburg

Ulmer

Impressum

Titel der französischen Originalausgabe:
Dominique Albert, Pierre-Henry Tramier: Plantes aquatiques et de berges – Comment les choisir et le cultiver facilement,
erschienen 2002 bei Les Éditions Eugen Ulmer, Paris

Aus dem Französischen von Christiane Schoelzel, Straßburg

Bibliografische Information der Deutschen Bibliothek
Die Deutsche Bibliothek verzeichnet diese Publikation in der Deutschen Nationalbibliografie; detaillierte bibliografische Daten sind im Internet über http://dnb.ddb.de abrufbar.

Wollgrasweg 41, 70599 Stuttgart (Hohenheim)
Internet: www.ulmer.de

Printed in Spain
Lektorat: Karin Wachsmuth, Andrea Rausch
DTP: Satz+Layout Fruth GmbH, München
Druck und Bindung: Egedsa, Sabadell

ISBN-13: 978-3-8001-4730-4
ISBN-10: 3-8001-4730-0

INHALT

5 Einführung

6 Was sind Wasserpflanzen?

6 Klassifizierung
8 Anpassung an den Standort Wasser
9 Vermehrung
10 Die reinigende Wirkung
10 Die biologische Wirkung
11 Die mechanische Wirkung

12 Wasserpflanzen kultivieren

12 Das Wasser
12 Der Standort
14 Das Substrat
15 Das Pflanzen
18 Die Pflege
21 Krankheiten und Schädlinge
22 Wasserpflanzen in Ihrer Umgebung
23 Schalen, Brunnen und Fässer
24 Kleine Teiche
25 Tümpel
26 Teiche und Seen
26 Bäche und Flüsse
27 Pflanztiefen-Tabelle

29 Pflanzenporträts Wasserpflanzen

85 Pflanzenporträts Uferpflanzen

96 Register

Einführung

Der Wassergarten ist heute fester Bestandteil der Gartengestaltung. Abgesehen davon, dass Sumpf- und Wasserpflanzen sehr dekorativ sind und durch mannigfaltige Formen und Farben überraschen, sind Menschen jeglichen Alters fasziniert von der Fülle des Lebens, die sich in Wasserlandschaften entwickelt.
Die Betrachtung dieses natürlichen Lebensraumes, in dem das Wasser den Ton angibt, verströmt Ausgeglichenheit und schafft Distanz zur alltäglichen Hektik. Wenn eine Welle den Wasserspiegel kräuselt, sich das Schilf im Wind wiegt, die Wasserähre uns ihren Duft schenkt, die Lotosblüte sich öffnet, während ein auf Beute lauernder Laubfrosch auf einem Seerosenblatt sitzt und plötzlich ein Gelbrandkäfer zum Atmen an der Wasseroberfläche auftaucht – in dieser Stimmung kann man sich leicht vorstellen, wie eine prähistorische Gestalt aus einem Wald aus Riesen-Schachtelhalmen auftaucht, während die riesigen Blätter des Mammutblatts uns mit einem Augenzwinkern in die Tropen versetzen. Welch ein Vergnügen, was für Entdeckungen dieses Umfeld mit seinem unendlich lebendigen Reichtum für uns bereithält!
Wasser ist kostbar, für das Leben unverzichtbar. Wasserpflanzen werden verstärkt dazu verwendet, um Flussufer zu befestigen, Wasser aus Haushalten zu klären oder auch ein Schwimmbecken angenehmer und ökologischer zu gestalten.
Mit diesem Buch möchten wir unsere Leidenschaft weitergeben und Ihnen helfen, Ihre Träume zu verwirklichen.

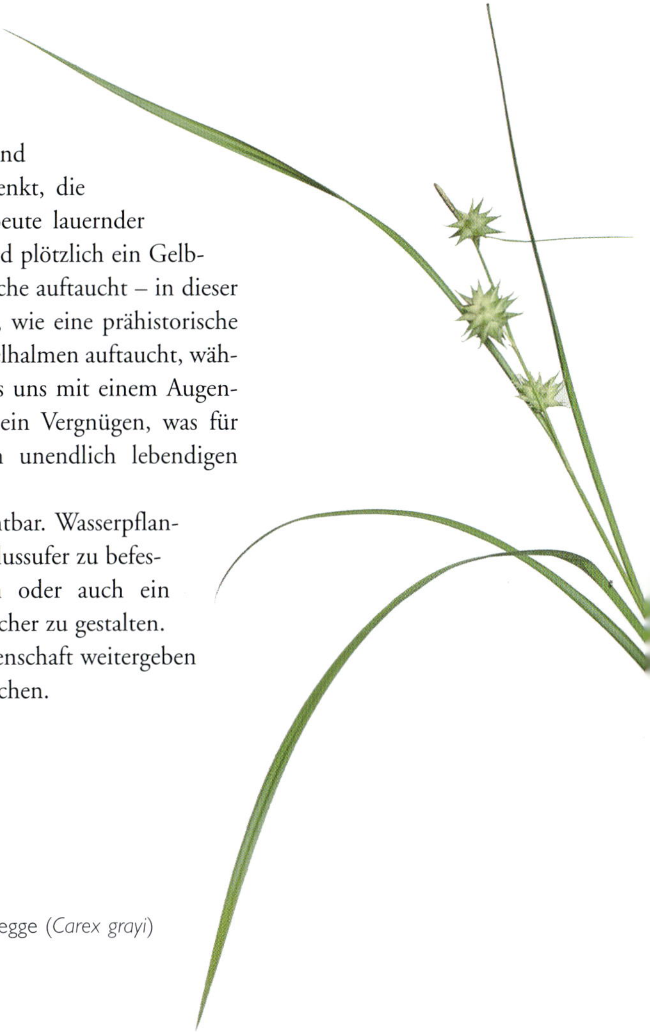

Morgenstern-Segge (*Carex grayi*)

Was sind

Oben: Der Gewöhnliche Wassernabel (*Hydrocotyle vulgaris*)

Die große Gemeinsamkeit aller Wasserpflanzen besteht darin, dass sie einen Lebensraum mit viel Wasser benötigen. Zahlreiche Klassifizierungsversuche unter Berücksichtigung des Lebensbereiches (Standort innerhalb des Wassers und die Tatsache, ob die vegetativen Pflanzenteile inner- oder außerhalb des Wassers stehen) haben jedoch ergeben, dass sich manche Arten schwer »in Schubladen« stecken lassen. Dies kann man auch im eigenen Wassergarten beobachten.

Klassifizierung

Für einige Wasserpflanzen ist der Lebensbereich klar definiert; das ist zum Beispiel bei den meisten Sauerstoff spendenden Unterwasserpflanzen oder Seerosen der Fall. Bei anderen ist die Standortbestimmung nicht so einfach. Viele passen sich den unterschiedlichen Bedingungen der Umgebung an und können sich, wie das Schilf, in 50 cm Wasser entwickeln oder auch schöne Kolonien auf einem gerade feuchten Gelände bilden. Die Wasser-Minze oder der Fieberklee zum Beispiel wachsen beinahe überall dort, wo Wasser vorhanden ist. Das kann ein feuchter Boden oder auch eine Wassertiefe von 10 bis 30 cm sein.
Dennoch kann man zwei große Familien unterscheiden:

Wasserpflanzen (Hydrophyten)

Die Pflanzen dieser Gruppe entwickeln sich vollständig oder teilweise unter Wasser. Sie sind völlig von diesem Element abhängig, das sie stützt, ernährt und schützt. Man kann sie wiederum in drei Gruppen unterteilen:
– **Unterwasserpflanzen (submerse Pflanzen)**: Dies sind hauptsächlich die so genannten Sauerstoff spendenden Pflanzen, die meist auf dem Gewässergrund wurzeln. Wegen der nicht unbeträchtlichen Sauerstoffmenge, die sie abgeben, haben sie eine große Bedeutung für die Wasserwelt. Sie dienen außerdem als Zufluchtsort und Laichstätte für Fische.

Wasserpflanzen?

– **Schwimmblattpflanzen**: Die bekanntesten sind die Seerose (*Nymphaea*) und Lotosblume (*Nelumbo*). Ihre Rhizome wurzeln im Gewässerboden. In diese Gruppe gehören außerdem die Teichrose (*Nuphar lutea*), die Kap-Wasserähre (*Aponogeton distachyos*) und die Seekanne (*Nymphoides peltata*). Manche dieser Pflanzen verschwinden im Winter und überleben nur in Form von Hibernakeln (Winterknospen). Diese lösen sich von der Mutterpflanze ab, fallen auf den Grund des Wassers herab und steigen dann im Frühjahr wieder an die Oberfläche, um dort eine neue Pflanze zu bilden.

– **Schwimmpflanzen**: Diese Pflanzen enthalten in ihren Blättern Luft- oder Schwimmblasen (Aerozysten), mit deren Hilfe sie auf der Wasseroberfläche treiben. Beispiele sind der Wassersalat (*Pistia stratiotes*) oder die Wasserhyazinthe (*Eichhornia crassipes*).

Sumpfpflanzen (Helophyten)

Bei diesen Pflanzen befinden sich die vegetativen Teile sowie die Fortpflanzungsorgane über der Wasseroberfläche, während sich die Wurzelsysteme im schlammigen Boden entwickeln. Dabei findet man echte Helophyten in der Flachwasserzone am Rand des Gewässers, während terrestrische Helophyten in der Nähe des flachen Wasserbereiches wachsen. Letztere zählt man zu den Teichbegleitpflanzen.

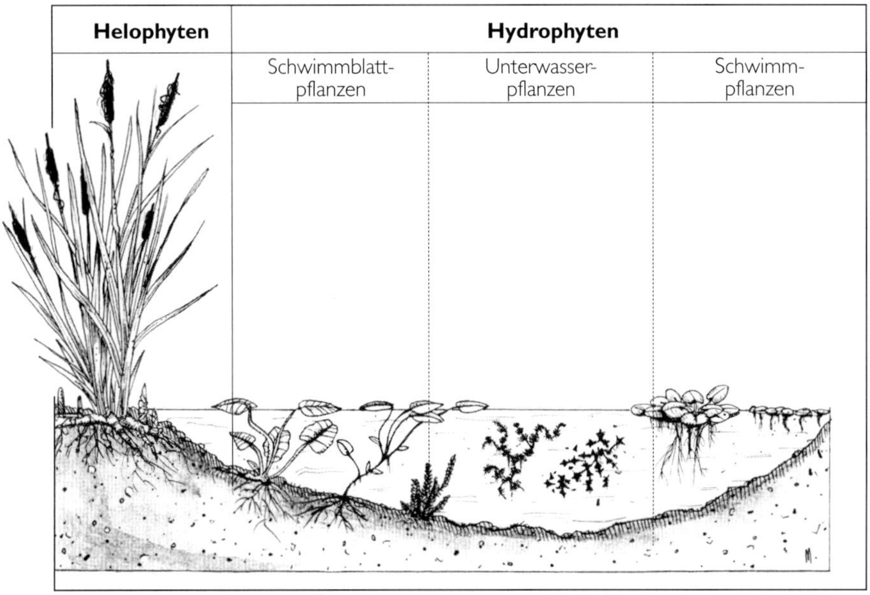

Anpassung an den Standort Wasser

Wasserpflanzen sind von Natur aus an ein teilweises oder vollständiges Leben im Medium Wasser angepasst. Unterwasserpflanzen weisen biegsame, bewegliche Blätter auf, die meist zerteilt oder fadenförmig sind; dadurch leisten sie den Wasserbewegungen nur wenig Widerstand. Die Epidermis der Unterwasserblätter, die weder Kutikula noch Spaltöffnungen hat, ist durchlässig für Gase und gelöste Salze. Schwimmblätter besitzen in ihrem Gewebe zahlreiche Luft- oder Schwimmblasen, die sie auf der Wasseroberfläche halten. Diese Schwimmblätter sowie die Blätter über der Wasseroberfläche sind aufgrund der Verdickung der oberflächlichen Zellmembranen dicker und widerstandsfähiger. Hier sind die Spaltöffnungen nur auf der Oberseite vorhanden, die Luftkontakt hat. Bei der Wasserhyazinthe (*Eichhornia crassipes*) sind die Luftbläschen in regelrechte ballonförmige Schwimmkörper umgewandelt und halten so das Laub außerhalb des Wassers. An dieser Stelle sei die typische Heterophyllie zahlreicher Pflanzen, die im Wasser leben, erwähnt: an derselben Pflanze weisen die Blätter unter Wasser, die Schwimmblätter und die oberirdischen Blätter Unterschiede in Form und Struktur auf (z. B. *Sagittaria sagittifolia, Ranunculus aquatilis*).

Die Bläschen begünstigen darüber hinaus die Zirkulation der Gase, die dann über Durchlüftungsgewebe (Aerenchym) in den Stängeln und Wurzeln bis hinunter in die Wurzeln transportiert werden. So kann der für die Atmung der Pflanze verwendete Sauerstoff in alle Zellen gelangen.

Wenn der Sauerstoffgehalt des Wassers durch ein überhand nehmendes Algenwachstum abnimmt (Eutrophie), leiden besonders Pflanzen, die vollständig unter Wasser leben. Sie gehen dann relativ schnell ein, da Photosynthese und Gasaustausch im Wasser stattfinden. Die Helophyten, die dank ihrer an der Luft liegenden vegetativen Teile weiterhin die Möglichkeit haben, ihr untergetauchtes Wurzelsystem zu versorgen, sind dagegen im Vorteil.

Die Wurzeln von Wasserpflanzen dienen hauptsächlich der Verankerung – im Unterschied zu in Erde wurzelnden Pflanzen, bei denen sie die Wasser- und Nährstoffversorgung gewährleisten. Manche Arten wie das Hornblatt (*Ceratophyllum*) haben fast gar keine Wurzeln.

Linke Seite: Wasserhyazinthe (*Eichhornia crassipes*)

Vermehrung

Die Blüte der Unterwasserarten ist meist sehr unscheinbar, da die Fortpflanzungsorgane durch die Anpassung an den Standort Wasser häufig extrem vereinfacht sind.

Da die Vermehrung durch Samen zuweilen schwierig ist, haben sich manche Pflanzen etwas Interessantes einfallen lassen. Sie überwintern mit ausgereiften Winterknospen (Hibernakeln), die sich von der Mutterpflanze ablösen und auf dem Gewässergrund auf bessere Bedingungen warten, bevor sie wieder aufsteigen und austreiben (wie zum Beispiel der Europäische Froschbiss, *Hydrocharis morsus-ranae*).

Die Gewöhnliche Wassernuss (*Trapa natans*) bildet Steinfrüchte, die am Gewässergrund den Winter überdauern und im Frühjahr auskeimen. Die kleinen Pflänzchen steigen an die Wasseroberfläche, während sie im Boden verwurzelt bleiben.

Die geschlechtliche Fortpflanzung ist folglich eher selten; üblich ist die vegetative, deren Ausmaß manchmal nur schwer zu kontrollieren ist. So können Wasserhyazinthen (*Eichhornia crassipes*) durch ihre Ausläuferbildung in tropischen Regionen ganze Flüsse überwuchern und sogar die Schifffahrt behindern. Außerdem behält das kleinste Pflanzenteilchen im Wasser seine Überlebenskraft und ist in der Lage, eine neue Pflanze entstehen zu lassen.

Unten: Die Rosette der Krebsschere (*Stratiotes aloides*), die den Winter auf dem Grund des Wassers verbringt, kommt im Frühling an die Oberfläche. Ihre weißen Blüten ragen über die Wasseroberfläche.

Die reinigende Wirkung

Zusätzlich zu ihrer Sauerstoff liefernden Eigenschaft haben bestimmte Wasserpflanzen die Fähigkeit, ihren Lebensraum Wasser zu reinigen. Dieser klärende Effekt hängt mit der Sauerstoffproduktion zusammen, die die Oxidation bestimmter im Wasser gelöster Salze fördert. Außerdem ermöglicht der im Wasser vorhandene Sauerstoff die Vermehrung aerob lebender Bakterien sowie von Bakterien, die von Natur aus in Symbiose mit den Pflanzen leben. Sie verdauen und mineralisieren die organische Masse und die dabei gebildeten Mineralsalze sind wertvolle Dünger für die Wasserpflanzen. Die Bakterien absorbieren oder verstoffwechseln zudem schädliche Stoffe wie Schwermetalle und giftige organische Verbindungen (z. B. Phenol).

Durch das Beobachten natürlicher Abläufe konnte man Wasserbehandlungssysteme entwickeln, bei denen so genannte Armleuchteralgen (*Chara*) verwendet werden. Pflanzenkläranlagen bestehen aus Becken oder Kanälen mit geringer Wassertiefe, in denen schadstoffverträgliche Pflanzen mit großem Reinigungspotenzial, so genannte Repositionspflanzen, wachsen. Die am häufigsten verwendeten Vertreter sind: Rohrkolben (*Typha latifolia*), Gewöhnliches Schilf (*Phragmites australis*), Simse (*Schoenoplectus lacustris*) und Sumpf-Schwertlilie (*Iris pseudacorus*). In tropischen Regionen werden sie durch die Wasserhyazinthe und den Wassersalat (*Eichhornia crassipes* und *Pistia stratiotes*) ersetzt.

Die Möglichkeit, mit Hilfe der filternden und reinigenden Wirkung von Wasserpflanzen trübes Wasser zu klären, haben Aquarienliebhaber schon immer genutzt.

Die biologische Wirkung

Wasserpflanzen haben auch eine biologische Aufgabe, indem sie entweder direkt als Nahrung für bestimmte Fische (Karpfen, Rotaugen usw.) dienen oder regelrechte Lager aus Wirbellosen (Plankton), Insektenlarven und Eiern von Krebstierchen bilden, die ein wichtiges Glied in der Nahrungskette der Fische darstellen.

Wasserpflanzenbereiche sind ausgezeichnete Laichzonen und spielen eine große Rolle für das Überleben von Jungfischen, die hier Schutz vor Feinden und in Hitzeperioden kühleres Wasser vorfinden. In den Vegetationsgürteln von Teichen lassen sich in der schönen

Jahreszeit viele Zugvögel nieder (Sumpf- und Teichrohrsänger, Rohrweihe, Knäkente), während andere das ganze Jahr über dort leben (Teichhuhn, Blässralle, Haubentaucher). Sie verwenden die abgestorbenen Pflanzenteile der Wassergräser zum Bau ihrer Nester, verstecken sich Schutz suchend ganz tief im Schilf und ernähren sich von hier lebenden Insekten, Larven, Fröschen und Fischen.

Die mechanische Wirkung

Das Wurzelsystem der Helophyten festigt den Boden, das Laub bremst die Kraft des Wassers. Dadurch widerstehen Uferbereiche besser der Erosionskraft des sich bewegenden Wassers. Dieser Effekt wird heutzutage im Rahmen der Landschaftspflege genutzt, indem Uferbefestigungen aus Stein oder ähnlichem Material durch Pflanzen ersetzt werden. Üblicherweise verwendet man dafür einheimische Pflanzen, die an die verschiedenen Standortbedingungen (z. B. regelmäßige Überflutungen, saisonbedingte Überschwemmungen und Trockenzeiten oder mechanische Erosion) angepasst sind.

Der Garten von Plantbessin, Frankreich

Wasserpflanzen

Wasser ist ein natürliches Element, das in sehr unterschiedlicher Form vorkommen kann: stehend oder fließend, neutral, sauer oder basisch, ständig oder nur zeitweise vorhanden. Dieser Tatsache haben sich die Pflanzen angepasst. Manche Arten verlangen sehr spezielle Bedingungen (z. B. wächst eine Seerose nicht in einem fließenden Gewässer), doch die meisten besitzen eine große Anpassungsfähigkeit.

Das Wasser

Im Allgemeinen ist schwach saures Wasser mit einem pH-Wert von 6–7 dem alkalischen Milieu vorzuziehen, denn es gestattet eine größere Pflanzenauswahl. Städtisches Leitungswasser kann verwendet werden, wenn es einen Tag lang in Kontakt mit Luft war, damit enthaltenes Chlor verdunsten kann. Erst dann sollte es in größeren Mengen in ein Becken eingelassen werden.

Die Belastung des Wassers mit organischen und nicht-organischen Stoffen kann je nach Herkunft variieren und die Entwicklung von einzelligen Algen und Fadenalgen beeinflussen. Ein übermäßiger Einsatz von Düngemitteln in der Landwirtschaft führt zu einer erhöhten Konzentration von mineralischen und organischen Stoffen in jenen Gewässern, in die das Oberflächenwasser landwirtschaftlicher Nutzflächen hineinfließt. Wasserpflanzen spielen hier eine wichtige Rolle, indem sie den pH-Wert ausgleichen, das Wasser klären und mit Sauerstoff anreichern.

Rechte Seite:
Bei großer Hitze suchen die Fische gern unter den Seerosenblättern Schutz vor der Sonne.

Der Standort

Die meisten Wasserpflanzen, besonders die Seerosen, brauchen viel Sonne. Manche bevorzugen dagegen eher eine schattige Lage. Dazu gehören die Sumpf-Dotterblume (*Caltha palustris*), die Kap-Wasserähre (*Aponogeton distachyos*) oder Schachtelhalm (*Equisetum*-Arten); bei den Uferpflanzen sind dies Ligularien (*Ligularia*-Arten), Pfennigkraut (*Lysimachia*-Arten), Hänge-Segge (*Carex pendula*) sowie

kultivieren

Mammutblatt (*Gunnera manicata*), deren Laub sehr empfindlich gegenüber Austrocknung ist.

In sehr heißen Gegenden empfiehlt es sich, für einen Teich einen leicht halbschattigen Standort vorzusehen – vor allem, wenn Sie einige Fische darin halten wollen. Ansonsten verhindern auch großblättrige Pflanzen wie Seerosen mit ihrem Laub eine zu starke Erwärmung des Wassers.

Der Anstieg der Wassertemperatur ist verantwortlich für die oft explosionsartige Entwicklung von Fadenalgen. Diese entspricht nicht, wie oft angenommen wird, einer schlechten Wasserqualität. Damit die Algenmenge nicht überhand nimmt, sollte man sie per Stock aufwickeln oder mit dem Kescher herausfischen.

Das Substrat

Herzförmiges Hechtkraut *(Pontederia cordata)* im Container.

Die meisten Wasserpflanzen bevorzugen ein Substrat aus lehmiger oder sandig-lehmiger Erde. Ideal ist eine Mischung aus Lehmboden und Flusssand. Sehr mageren Böden kann man einen Anteil Muttererde oder gut verrotteter Komposterde zufügen; zu nährstoffreiche Erde führt allerdings meist zu verstärktem Pflanzen- und Algenwachstum. Bei Sumpfpflanzen, die kalkarme Erde benötigen, fügt man noch Torf hinzu. Mit Substraten aus dem Fachhandel (ungedüngt oder mit Langzeitdünger versehen) macht man keinen Fehler.

Standard-Substrat für die meisten Pflanzen:

– 70 % lehmige Erde
– 30 % kalkfreier Flusssand

Das Ganze kann man in einer Schubkarre mischen und zudem noch eine Handvoll Hornspäne als langsam frei werdende Stickstoffquelle hinzufügen.

Substrat für Seerosen

Eine geeignete Pflanzerde für Seerosen sollte überwiegend aus Lehmboden mit Sandzusatz bestehen, da ein zu humus- und nährstoffreiches Substrat zu Pilzerkrankungen führen kann. Torf- oder Rindensubstrate sind genauso wenig geeignet. Die beste Wurzelentwicklung erfolgt in Gitterkörben.

Substrat für Säure liebende Pflanzen

Für das Breitblättrige Wollgras (*Eriophorum latifolium*), Schachtelhalm-Arten (*Equisetum*) oder andere Pflanzen, die auf moorigen Böden gedeihen, reichern Sie die Standardmischung mit Torf an. Ideal ist ein gleiches Verhältnis von Lehmerde zu Flusssand und Torf. Verwenden Sie nie reinen Torf!

Das Pflanzen

Die Pflanzzeit liegt vorzugsweise im April bis Juni, kann aber bis in den September verlängert werden. Die Erstbepflanzung einer Teichanlage sollte vor Einfüllen des Wassers erfolgen.

Im Topf oder direkt einpflanzen?

Der Vorteil von Töpfen ist, dass kälteempfindliche Pflanzen im Winter mühelos ins Haus geholt werden können. Außerdem lässt sich die Zusammenstellung der Pflanzung ohne weiteres verändern. Die einzelnen Pflanzen sind leicht voneinander zu trennen – sei es, um ihre Ausbreitung zu begrenzen (z. B. beim Schachtelhalm) oder um sie vor dem Konkurrenzdruck der Nachbarn zu schützen. Wasserpflanzen in Töpfen sind eine praktische Lösung bei kleinen Teichen, denn sie sind leichter zu pflegen. Mit ihnen ist es auch möglich, kleine Wassergefäße wie Tonnen oder Fertigbecken zu bestücken.
Der Handel bietet spezielle Gitterkörbe für Wasserpflanzen an. Man kann aber auch Tontöpfe oder klassische Polyethylen-Töpfe verwenden, die für Pflanzen, die umgetopft werden müssen, sogar noch besser geeignet sind.

In naturnahen Gewässern, Weihern, Tümpeln und Seen, Feucht- und Sumpfzonen wird direkt in die Erde oder in den schlammigen Grund gepflanzt.

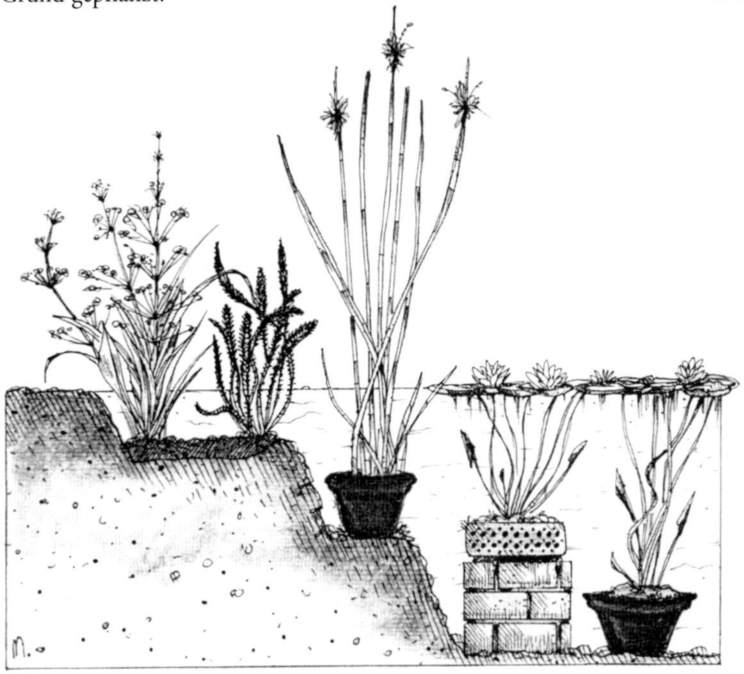

Bei einem angelegten Teich raten wir, Pflanzzonen unterschiedlicher Wassertiefe anzulegen, wodurch die Kultur verschiedenartiger Pflanzen möglich wird. Diese Zonen können entweder rinnenartig ausgebildet und direkt mit Pflanzsubstrat gefüllt werden oder stufenförmig als Standfläche für die Container dienen.

Rohrkolben *(Typha latifolia/ angustifolia)* sät sich mit Aufplatzen der kolbenförmigen Samenstände reichlich aus und kann sehr wuchern.

Pflanzabstände und -tiefen

Bedenken Sie schon im Vorfeld den Platz, den die Pflanzen in einigen Jahren einnehmen werden. Pflanzen Sie deshalb nicht zu dicht, denn ein Arrangement aus schönen, gut entwickelten Pflanzengruppen ist einem schwierig zu pflegenden Durcheinander stets vorzuziehen. Die Pflanztiefen und -abstände, die für jede Pflanze einzuhalten sind, finden Sie im Verzeichnis der empfehlenswerten Arten und Sorten sowie in der Übersicht auf Seite 27. Beachten Sie dabei die hohe Anpassungsfähigkeit vieler Sumpfpflanzen, z. B. des Gewöhnlichen Schilfs (*Phragmites australis*) und der Wasser-Minze (*Mentha aquatica*), während Teichbegleitpflanzen es selten vertragen, im Winter mit den Füßen im Wasser zu stehen. Bei Seerosen ist es wichtig, die für jede Sorte empfohlene Wassertiefe einzuhalten.

Lassen Sie Ihrer Kreativität freien Lauf: Bringen Sie verschiedene Blattformen zusammen, spielen Sie mit den Farben und den Blütezeiten oder wählen Sie Pflanzen mit panaschierten Blättern zum Aufhellen einer Szene. Vergessen Sie auch nicht, Sauerstoff liefernde Pflanzen wie Wasserpest (*Elodea*), Laichkraut (*Potamogeton*) oder Hornblatt (*Ceratophyllum*) auszupflanzen. Zu kleinen Büscheln zusammengesetzt und mit einem Stein beschwert, bleiben sie unten am Grund.

Bei stark wuchernden Rhizompflanzen, z. B. Schachtelhalm (*Equisetum*), Rohrkolben (*Typha*) und Schilf (*Phragmites*), empfehlen wir, mit einer Wurzelbarriere die Ausbreitung zu begrenzen und die Pflanzengruppe auf diese Weise kompakt zu halten. Die Sperre kann aus 40 cm breiten Wellplastik-Bändern bestehen, die leicht geneigt etwa 35 cm tief in den Boden gerammt werden.

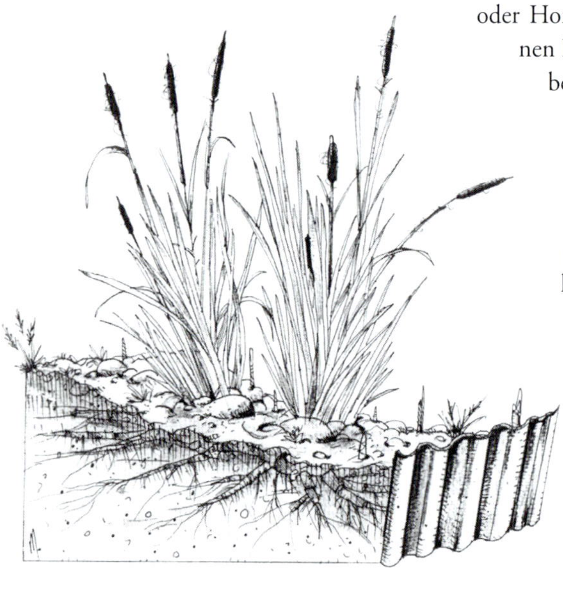

Pflanztechniken

Wurzelnackte Pflanzen

Sie entstehen durch die Teilung von Mutterpflanzen. Wenn Sie die Pflanzen im Versandhandel bestellt haben, stellen Sie sie bei Empfang sofort mit den Wurzeln ins Wasser und pflanzen sie so schnell wie möglich ein.

Ranunculus lingua, der Zungen-Hahnenfuß.

Getopfte Pflanzen

Werfen Sie einen genauen Blick auf das Wurzelsystem. Wenn es stark entwickelt ist, müssen die Wurzeln vor der Pflanzung auseinandergezogen und lange Wurzeln gekürzt werden. Es kann vorkommen, dass Topfpflanzen dazu neigen, aufzusteigen und zu schwimmen – dann enthält ihr Substrat nicht genug Lehm. Beschweren Sie den Wurzelballen dann zum Teil mit einem Stein, damit die Pflanze am Boden bleibt.

Eintopfen und auspflanzen

Achten Sie darauf, keine Pflanzen verschiedener Gattungen oder Arten in denselben Container oder Gitterkorb zu pflanzen, damit sie nicht miteinander konkurrieren. Füllen Sie den Topf direkt mit Substrat ohne eine Dränageschicht am Boden, stellen Sie die Pflanze hinein und drücken Sie sie mit der Hand fest. Nun muss sie noch reichlich gewässert werden, damit sich der Wurzelballen vollsaugen kann, bevor das Gefäß in den Teich gesetzt wird. Wenn Sie Fische haben, denken Sie daran, den Topf mit Steinchen (Kies) abzudecken, damit die Fische die Pflanzen nicht herausreißen.

Direkt in den Teichgrund pflanzen

Das ist nicht weiter schwierig: Graben Sie vorsichtig ein Loch in den Schlamm – mit den Händen, falls es sich um eine Folienabdichtung handelt, um diese nicht zu beschädigen. Stellen Sie die Pflanze hinein und schieben Sie das Substrat sanft um sie zusammen.

Die Pflege

Ein Gleichgewicht finden

Der Wassergarten kann sich zu einem wahren Paradies entwickeln – doch wer nicht die notwendige Geduld aufbringt, bis sich ein biologisches Gleichgewicht einstellt, für den kann er leider auch zum Alptraum werden.

Wenn der Teich erst einmal fertig ist, die Pflanzen gesetzt sind, scheint alles perfekt. Doch schnell kann das Wasser aufgrund organischer Schwebstoffe und Mineralsalze, die aus dem Pflanzsubstrat stammen, grün oder trüb werden. Auch Fadenalgen können massenweise auftreten, die jedoch eher unschön als schädlich sind. Jetzt beginnt der Gärtner, sich Sorgen zu machen. Was ist zu tun? Das Becken allmonatlich ausleeren und säubern? Wiederholt teure chemische Algenvernichtungsmittel ausbringen? Nein, hier muss man nur Geduld aufbringen, denn mit Hilfe der Wasserpflanzen klärt sich das Wasser meist von allein. Dies kann allerdings ein gutes Jahr dauern. Um ihre Ausbreitung in Grenzen zu halten, machen Sie sich trotzdem die Mühe, Fadenalgen mit einer Harke und Wasserlinsen mit einem Kescher herauszufischen. So ermöglichen Sie auch, dass die Pflanzen unter Wasser genügend Licht bekommen. Tipp: Auch Kaulquappen sind fleißige Algenfresser!

Wenn das Problem andauert, forschen Sie nach der Ursache: Ist die Erde zu nährstoffreich? Ist das Wasser zu kalkhaltig? Sind zu viele Fische im Teich, werden sie zu reichlich gefüttert, gibt es eine Entenfamilie? Oder ist die Wassertiefe zu gering, wodurch starke Temperaturschwankungen entstehen können?

Das Wachstum begrenzen

Übermäßiges Pflanzenwachstum kann zuweilen große Probleme bei der Pflege eines Gewässers verursachen. Deshalb ist die Wahl der richtigen Pflanzen sehr wichtig. Die Wasserpest (*Elodea canadensis*) ist zwar ein ausgezeichneter Sauerstofflieferant, sollte aber nur in kleinen und mittelgroßen Becken verwendet werden, wo man ihren Ausbreitungsdrang durch Herausfischen in Grenzen halten kann. Das gilt auch für den Großen Schwaden (*Glyceria maxima*), das Schwimmende Laichkraut (*Potamogeton natans*) oder die Seekanne (*Nymphoides peltata*).

Bei größeren Gewässern sollten Sie die Entwicklung von Rohrkolben (*Typha*) und Schilf (*Phragmites*) sorgfältig überwachen. Ihre Ausbreitung kann man durch Wurzelbarrieren gut in Grenzen halten. Schließlich können Sie auch die Vermehrung anderer Pflanzen einschränken, indem Sie Blütenstände absammeln, bevor die Samen reif sind und sich ausbreiten. Dies gilt z. B. für den Froschlöffel (*Alisma plantago-aquatica*) oder den Blut-Weiderich (*Lythrum salicaria*).

Unten: *Cyperus alternifolius* ist dafür bekannt, dass sich von ihm leicht Kopfstecklinge vermehren lassen. Die Pflanze verträgt kurzzeitig Frost bis –5 °C, in günstiger Lage sogar bis –10 °C, und ist winterhärter als Papyrus (*C. papyrus*, siehe S. 39).

Überwinterung

Am Saisonende ist die Pflanzenwelt der Kälte ausgesetzt, die Blätter verwelken. Es wird also Zeit, an den Schutz kälteempfindlicher Pflanzen zu denken. Die Töpfe von Hechtkraut (*Pontederia cordata*) und Lanzettblättrigem Pfeilkraut (*Sagittaria lancifolia*) werden in tieferes Wasser gestellt, das welke Laub bleibt als Winterschutz an den Pflanzen. Nur wenige Pflanzen sind immergrün, doch auch die verdorrten Blätter und Stängel haben ihren Reiz. Denken Sie auch an die Pflanzen der Sumpfzone und am Teichrand. So muss die Knospe des Mammutblattes (*Gunnera*) mit den eigenen Blättern umhüllt und somit geschützt werden.

Falls Sie exotische Wasserpflanzen kultivieren (z. B. Wasserhyazinthe, Wassersalat, Papyrusstaude), stellen Sie diese in ein warmes oder mäßig beheiztes Gewächshaus, das die Pflanzen erst im nächsten Frühjahr wieder verlassen dürfen.

Das Wachstum beginnt

Wenn der Winter vorbei ist und das Wachstum wieder einsetzt, putzen Sie die Pflanzen aus: Entfernen Sie alle verwelkten Teile, damit sich die jungen Triebe gut entwickeln können. Dies ist auch der richtige Moment, um die ersten Sonnentage zu nutzen und in den Pflanzungen Unkraut zu jäten, vor allem in den feuchten und sumpfigen Bereichen. Denken Sie daran, die natürliche Aussaat von sich stark ausbreitenden Pflanzen wie dem Froschlöffel oder der Gauklerblume in Grenzen zu halten. Im Frühling lassen sich zudem die meisten Wasserpflanzen gut vermehren.

Bewässern

Während einer Hitzeperiode ist es besonders wichtig, auf einen ausreichenden Wasserstand im Teich zu achten. Denken Sie deshalb schon beim Bau des Teiches an eine Zulaufvorrichtung und an eine Wasserpumpe. Die Auswahl an Pumpen und deren Förderleistung ist groß, lassen Sie sich am besten im Fachhandel beraten. Für längere Regenperioden sind Wasserstandsanzeiger praktisch, die elektrisch die Öffnung eines Ventils am Überlauf auslösen.

Überwachen Sie stets die Feuchtigkeit im Bereich der Uferpflanzen, besonders bei einem künstlich angelegten Teich.

Düngen

Wasserpflanzen, die direkt im Boden wurzeln, finden im Schlamm genügend Nährstoffe. Bei stark wachsenden Pflanzen oder bei einem nährstoffarmen Untergrund muss jeweils im Frühjahr gedüngt werden.

Iris pseudacorus bevorzugt gut mit Nährstoffen versorgtes Substrat.

Bei der Kultur in Containern ist regelmäßiges Umtopfen oder Düngen unverzichtbar. Eine stark zehrende Pflanze wie Papyrus (*Cyperus papyrus*) muss für ein üppiges Gedeihen einmal im Jahr umgetopft und in der Wachstumsperiode zusätzlich gedüngt werden.

So genannte Langzeitdünger, die man im Gartenfachhandel in Form von Pellets findet, haben den Vorteil, dass die Nährstoffe nur langsam frei werden und bei bestehenden Pflanzungen direkt an Ort und Stelle ausgebracht werden können. Sie brauchen nur noch in Wurzelnähe in den Schlamm gesteckt zu werden. Lassen Sie die Hände von schnell wirkenden Flüssigdüngern, denn sie fördern auch die Entwicklung von einzelligen Algen, Fadenalgen und Bakterien, die das Wasser trüben.

Denken Sie daran, dass zu reichliches Düngen die Pflanzen krankheitsanfälliger macht.

Krankheiten und Schädlinge

Wasserpflanzen sind in der Regel nicht besonders krankheitsempfindlich, vor allem dann nicht, wenn sie direkt im Boden wachsen. Dennoch können schlechte Kulturbedingungen, z. B. ein ungeeignetes Substrat oder ungünstige Lichtverhältnisse, die Entwicklung von pilzlichen oder bakteriellen Erkrankungen begünstigen. Aber auch ein starker Nährstoffverlust des Substrats kann zu Kümmerwuchs oder zum Vergilben der Blätter führen. Eine Düngergabe und das Abschneiden der vergilbten Blätter reichen normalerweise aus, damit die Pflanze sich wieder erholt. Verschwinden die Symptome nicht, kommt man um den Einsatz eines geeigneten Pflanzenschutzmittels meist nicht herum.

Die häufigsten Schädlinge sind **Blattläuse**. Sie trifft man jedes Jahr an Stängeln und Blättern von Pfeilkraut (*Sagittaria*), Froschlöffel *(Alisma)* oder Blumenbinse (*Butomus*), aber auch an Seerosen. Zeitweise treten auch **Schildläuse** auf. Die Behandlungs- und Bekämpfungsmethoden sollten aber im Privatgarten immer möglichst schonend vorgenommen werden. Dies können ein kräftiger Wasserstrahl, stärkende Brennnesseljauche, Nützlinge wie Marienkäferlarven oder Hautflügler, die die Schädlinge parasitieren, oder auch sanfte Pflanzenschutzmittel sein. Bei chemischen Mitteln ist jedoch Vorsicht geboten. Sie dürfen nicht fischgiftig sein, was bei pyrethrumhaltigen Mitteln der Fall ist, obwohl sie pflanzlicher Herkunft sind. Pyrethrum ist tödlich für Kaltblüter, für Menschen allerdings unschädlich. Lassen Sie sich in jedem Fall im Fachhandel beraten.

Wasserschnecken können einerseits gefährlich für Jungpflanzen sein, doch tragen sie auch zum Gleichgewicht im Teich bei, indem sie ein übermäßiges Pflanzenwachstum verhindern. Fische, die sich von Schneckeneiern und -jungtieren ernähren, halten deren Vermehrung in Grenzen.

Vergessen Sie nicht, dass **Karpfen** Pflanzenfresser sind und dass man sie lieber maßvoll füttern sollte, damit sie nicht die wertvollen Teichpflanzen dezimieren. Die

Blattläuse auf einem Seerosenblatt.

Schaden durch Seerosen-Zünsler (siehe S. 63).

größten Schäden aber können von **Wild**- oder **Hausenten** angerichtet werden. Enten auf großen Teichen können allerdings nützlich sein, denn sie halten die Entwicklung der Wasserlinsen (Entengrütze) im Zaum. Den Besuch von **Bisamratten** und **Nutrias** erkennt man an den zahlreichen angefressenen Pflanzen und übrig gebliebenen Pflanzenresten.

Wasserpflanzen in Ihrer Umgebung

Eine natürliche Umgebung wird im Alltagsleben immer wichtiger. Der Wunsch nach einem kleinen Stück Natur daheim schlägt sich oft in der Schaffung eines Teiches oder Wasserbeckens nieder. Dieses stellt, abgesehen von seinem Zierwert, ein lebendiges Element dar, und sei es nur durch die Bewegung des Wassers.

Die Auswahl der Pflanzen ist einerseits Geschmacksache, hängt aber auch von deren Ansprüchen an das Substrat oder an die Pflanztiefe ab.

Schalen, Brunnen und Fässer

Ist bei Ihnen kein Platz für die Anlage eines Teiches vorhanden? Das macht nichts, denn auch in einer alten Steintränke, einer Schale oder einem Holztrog lässt sich ein kleiner Brunnen anlegen und eine Mini-Wasserlandschaft gestalten. Hierfür empfehlen sich beispielsweise Zwerg-Rohrkolben (*Typha minima*), Hechtkraut (*Pontederia cordata*) oder auch eine Wasserhyazinthe (*Eichhornia crassipes*).

Ein gutes Beispiel sind japanische Gärten, bei denen häufig auf kleinstem Raum Wasser als Gestaltungsmittel eingesetzt wird. Schachtelhalm (*Equisetum*) wird bei diesem Gartenstil wegen der interessanten Struktur seiner Stängel gern verwendet.

Unten: Seerosen und Wassersalat in einem kleinen Becken im japanischen Stil, das der französische Gartengestalter Pierre-Alexandre Risser geschaffen hat.

Kleine Teiche

Sie werden oft mittels undurchlässiger PE- oder PVC-Folien angelegt, und meist stehen bei ihnen die Pflanzen in versenkten Containern. Die Form kann sehr variabel sein; ein Wasserfall bringt eine besondere optische und akustische Note. Es ist wichtig, einen Bereich mittlerer Tiefe (60–80 cm) vorzusehen, der das Erwärmen des Wassers im Sommer in Grenzen hält und das Durchfrieren im Winter verhindert. Zu den Pflanzen, die für diese Pflanztiefe am besten geeignet sind, zählen Schwimmblattpflanzen wie Zwerg-Seerosen (*Nymphaea*) oder Seekanne (*Nymphoides peltalta*), aber auch hochwüchsige Sauergräser wie Teichsimse (*Schoenoplectus lacustris*). Sehen Sie auch ein paar Bündel Sauerstoff liefernder Unterwasserpflanzen vor, die Sie zunächst gut anwachsen lassen, bevor Fische dazukommen.

Unten: Seerosen und Tausendblatt haben diesen Teich besiedelt (Jardin du Tomple, Frankreich).

Hochwüchsiger Papyrus (*Cyperus papyrus*), aber auch Schwimmpflanzen wie Wasserhyazinthen (*Eichhornia crassipes*) und Wassersalat (*Pistia stratiotes*) verleihen dem Teich eine exotische Note. Die beiden letztgenannten Pflanzen wirken sich wegen ihrer reinigenden Wirkung zudem günstig auf die Wasserqualität aus. Denken Sie aber daran, alle diese »Exoten« vor dem ersten Frost in einen frostfreien Raum umzusiedeln, da sie sonst bei unseren Wintern nur einjährig sind.

Tümpel

Ein Tümpel kann natürlicherweise vorkommen oder künstlich angelegt werden. Seine Gestaltung zielt vor allem darauf ab, dieses in seiner Größe begrenzte Gewässer in die Umgebung zu integrieren. Dabei kann man sein natürliches Aussehen bewahren oder schaffen. Segge (*Carex*), Wasser-Minze (*Mentha aquatica*), Blut-Weiderich (*Lythrum salicaria*) und Sumpf-Dotterblume (*Caltha palustris*) finden am Ufer ihren Platz. Zypergras (*Cyperus longus*), Sumpf-Schwertlilie (*Iris pseudacorus*), Teichbinse (*Schoenoplectus lacustris*) und Pfeilkraut (*Sagittaria sagittifolia*) stehen mit den Wurzeln mindestens in

20–30 cm Wassertiefe und können rasch alles besiedeln, vor allem bei geringer Wassertiefe.

In tieferes Wasser (40–60 cm) pflanzen Sie z. B. Kap-Wasserähre (*Aponogeton distachyos*), Seekanne oder kleinwüchsige Seerosen. Wenn das Ganze natürlich aussehen soll, meiden Sie kräftige Farbtöne. Als Sauerstofflieferanten setzen Sie schließlich Krebsschere (*Stratiotes aloides*) und Hornkraut (*Ceratophyllum demersum*) ein.

Weiher und Seen

Da die Wasserfläche hier bedeutend größer als beim Tümpel ist, muss die Pflanzung so erfolgen, dass die Gesamtansicht des Gewässers und seiner Ufer harmonisch ausfällt. Um ein einheitliches Gesamtbild zu schaffen, werden Gruppen aus mehreren Pflanzen derselben Art gepflanzt. In der Regel siedeln sich einheimische Arten von ganz allein an, zum Teil mit Hilfe von Enten, die die Samen im Gefieder mittragen.

Legen Sie Schwertlilien-Gruppen (z. B. von *Iris versicolor, I. japonica, I. sibirica*) an und pflanzen Sie Seggen wie *Carex pendula* oder *C. paniculata*, die schöne Horste bilden. In etwa 10–20 cm tiefes Wasser setzen Sie einige Exemplare der Blumenbinse (*Butomus umbellatus*) und einige Pfeilkräuter (*Sagittaria*) ein. Und vergessen Sie nicht, an halbschattigen Uferstellen ausreichend Platz für ein Mammutblatt (*Gunnera*) oder auch ein Kreuzkraut (z. B. *Ligularia dentata*) zu reservieren!

Bäche und Flüsse

An natürlichen fließenden Gewässern kann nur der Randbereich bepflanzt werden. Dies gilt insbesondere bei starker Strömung. Hier finden wir die klassischen Pflanzen wie Seggen (*Carex*), die zuweilen eine wichtige Rolle bei der Uferbefestigung spielen, oder Schwertlilien (*Iris*). Pflanzen Sie in schattigen Bereichen auch Begleitstauden wie Kreuzkraut (*Ligularia*), Pfennigkraut (*Lysimachia nummularia*), Primeln (*Primula*) oder Farne; an sonnigere Stellen passen Taglilien (*Hemerocallis*) gut.

PFLANZTIEFEN

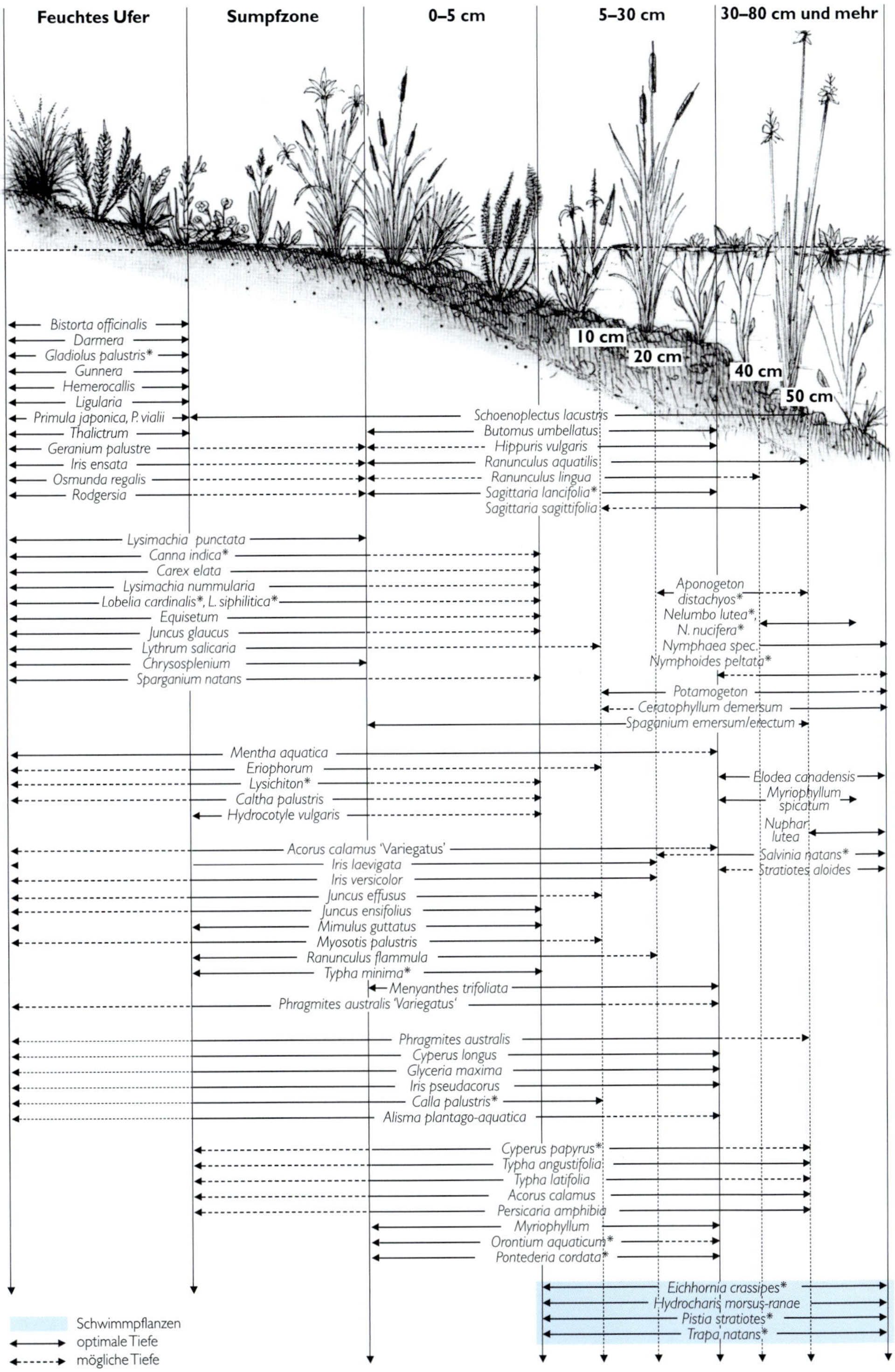

Schwimmpflanzen
optimale Tiefe
mögliche Tiefe

* Pflanzen sind in unseren Breiten nicht ausreichend winterhart. Angaben zur Kälteverträglichkeit finden Sie im jeweiligen Porträt.

Arbeitskalender durchs Wassergartenjahr

IM WINTER

November–Dezember:
Der erste Frost setzt ein; entfernen Sie auf der Wasseroberfläche treibende lose Pflanzen und Blätter, damit sie nicht im Wasser verrotten und zu viel organische Masse freisetzen.

Januar–Februar:
Denken Sie jetzt an das neue Wassergartenjahr und wählen Sie Neuzugänge aus Pflanzenkatalogen oder Ihrer Gärtnerei aus.

IM FRÜHJAHR

März:
Manche Pflanzen beginnen bereits mit dem Neuaustrieb. Jetzt ist es Zeit, verwelktes Laub zu entfernen, um den frischen Trieben Platz zu machen und die ersten Blüten erscheinen zu sehen. Dies ist auch der Zeitpunkt für die Teilung der Horstpflanzen, die erste Bepflanzung der Ufer mit winterharten Arten wie *Caltha palustris* und frühe Aussaaten. Denken Sie daran, Starkzehrer sowie zu groß gewordene Pflanzen umzutopfen und ihnen eine Grunddüngung zu verabreichen.

April–Mai: Wenn die Frostgefahr vorbei ist, wird es Zeit, Mulchschichten zu entfernen, die als Winterschutz dienten, Pflanzen aus ihrem Winterquartier zu holen und Unterwasserpflanzen zu setzen. Mit dem Einsetzen exotischer Pflanzen warten Sie ab, bis sich das Wasser erwärmt hat. Ansonsten laufen sie Gefahr, Schaden zu nehmen.

IM SOMMER

In und um Ihren Garten sprießt das Leben. Jetzt können Sie ihn weiter mit neuen Pflanzen bestücken oder sich »einfach nur so« an der Pracht erfreuen.

Juni: Achtung, die ersten Blattläuse tauchen auf! Wenn möglich, entfernen Sie sie mechanisch durch Absammeln; lassen Sie die Tiere aber nicht zu Boden oder ins Wasser fallen.

Juli, August, September:
Entfernen Sie verwelktes Laub, füllen Sie bei Bedarf Wasser auf und düngen Sie, behalten Sie die Schädlinge im Auge. Zu stark wuchernde Schwimmpflanzen werden entfernt, damit die Sauerstoff liefernden Pflanzen unter Wasser noch genügend Licht bekommen.

IM HERBST

Oktober–November:
Exotische Pflanzen müssen ins Warme geholt werden, frostempfindliche im kalten Gewächshaus oder Wintergarten überwintert werden. Die robusten Pflanzen in Körben oder Containern werden zum Überwintern tiefer ins Wasser gestellt, frostempfindliche Teichbegleiter wie Mammutblatt (*Gunnera*) werden gemulcht. Ernten Sie die letzten Samen der Sorten, die Sie vermehren wollen.

Nelumbo nucifera

Pflanzenporträts Wasserpflanzen

Die Wasserwelt ist überaus pflanzenreich, und so haben wir die Pflanzen ausgewählt, die sich am besten für die Kultur in unseren Teichen und Wassergärten eignen. Sie sind nach ihrem botanischen (lateinischen) Namen alphabetisch geordnet. In jeder Pflanzenbeschreibung finden Sie alle notwendigen Informationen zur Kultur.

Kalmus

ACORUS CALAMUS

Die panaschierte Sorte *Acorus calamus* 'Variegata' ist sehr dekorativ und bildet einen hübschen Kontrast zum Laub anderer Gewächse.

Allgemeine Eigenschaften

Familie: Kalmusgewächse (Acoraceae)
Heimat: Nordamerika und Asien, seit dem 16. Jahrhundert in Europa heimisch; wächst in flachen Gewässern.
Beschreibung: Robuste Pflanze mit länglichen Blättern, die denen der Sumpf-Schwertlilie (*Iris pseudacorus*) ähneln; im Unterschied zu diesen weisen sie aber eine deutliche Mittelrippe und zuweilen gewellte Ränder auf. Das fleischige Rhizom, das wegen seiner Heilkräfte bekannt ist, und auch die Blätter geben beim Zerreiben einen aromatisch-strengen Duft ab. Die unauffälligen Blüten stehen in dicht gedrängten Ähren zusammen und scheinen aus der oberen Hälfte eines Blattes herauszuragen.

Kultur

Winterhärte: In unseren Breiten winterhart.
Standort: Sonnig bis halbschattig, auch schattig.
Vermehrung: Horstteilung, Rhizomstecklinge.
Pflanzung: Für sumpfige und flache Bereiche des Teiches (bis 20 cm). Pflanzdichte: 6 bis 12 Pflanzen/m².
Substrat: Keine besonderen Ansprüche.
Schädlinge, Krankheiten: Spitzhornschnecken können große Schäden an den ins Wasser ragenden Blätter anrichten.
Anmerkungen: Nach ein paar Jahren beginnen die Horste manchmal zu kümmern. Dann müssen sie geteilt und umgepflanzt werden. Teichsimse und Rohrkolben sind gute Partner.

Gewöhnlicher Froschlöffel

ALISMA PLANTAGO-AQUATICA

Allgemeine Eigenschaften

Familie: Froschlöffelgewächse (Alismataceae)
Heimat: Australien und Europa. In Europa findet man ihn häufig in Gräben und auf Feuchtwiesen, in Randbereichen von Flüssen, Weihern und Seen.
Beschreibung: *Alisma* bildet dichte Horste aus löffelartigen, mehr oder weniger abgerundeten Blättern mit angem Blattstiel. Der Blütenstand, der von einem stabilen Stängel getragen wird, ragt weit über das Laub hinaus und kann über 1 m hoch werden. Die kleinen, weißrosa Blüten erscheinen in Rispen von Mai bis August. Die getrockneten Blütenstände kann man für Trockensträuße verwenden.

Alisma plantago-aquatica ist eine schöne Wasserpflanze, die jedoch stark wuchert. Um zu verhindern, dass sie sich aussät, schneiden Sie die Blütenschäfte vor der Reife ab.

Kultur

Winterhärte: Frost- und kälteverträglich, sofern die Knollen in mindestens 20 cm Wassertiefe gepflanzt werden.
Standort: Sonnig.
Vermehrung: Selbstaussaat.
Pflanzung: Froschlöffel wächst im sumpfigen Bereich, aber auch gern in bis zu 30 cm tiefem Wasser. Pflanzdichte: 6 bis 8 Pflanzen/m^2.
Substrat: Bevorzugt fruchtbaren, schlammigen Boden.
Schädlinge, Krankheiten: Empfindlich gegenüber Blattläusen.

Kap-Wasserähre

APONOGETON DISTACHYOS

Die frühe, lang anhaltende Blüte wird von einem zarten Vanilleduft begleitet. Die Pflanze kann auch in kleinen Becken oder im Aquarium im Haus gezogen werden, zusammen mit *Orontium aquaticum* und *Pistia stratiotes*.

Allgemeine Eigenschaften

Familie: Wasserährengewächse (Aponogetonaceae)
Weiterer Name: Afrikanische Wasserähre
Heimat: Diese aus Südafrika stammende Pflanze ist in Europa heimisch geworden und dort in ruhigen Gewässern in 20 bis 60 cm Tiefe anzutreffen.
Beschreibung: Schwimmblattpflanze, deren Knolle im Schlamm wurzelt. Die breit-linealen, dunkelgrünen Schwimmblätter können 20 cm lang werden. Die hübschen weißen, ährenartigen Blütenstände mit wachsartigem Aussehen erheben sich einige Zentimeter aus dem Wasser. Unter guten Bedingungen kann diese Pflanze das ganze Jahr über blühen.

Kultur

Winterhärte: In unseren Breiten meist nicht ausreichend frosthart, außer in wintermilden Lagen. Die Knollen im Winter tiefer stellen (mindestens 20 cm) oder besser noch im Kalthaus überwintern.
Standort: Voraussetzung für eine Blütezeit von April bis September ist ein schattiger Standort. In praller Sommersonne können die Blätter welken, doch beginnt die Pflanze ab Herbstanfang gleich wieder auszutreiben.
Vermehrung: Nach der Selbstaussaat im Wasser erfolgt die Keimung an der Oberfläche, bevor die Sämlinge am Grund wurzeln. Dann braucht man die Jungpflanzen nur einzusammeln, sobald die ersten Blätter erscheinen.
Pflanzung: In 20 bis 60 cm tiefes Wasser. Pflanzdichte: 3 bis 5 Pflanzen/m^2.
Substrat: Verlangt nährstoffreiches, kalkfreies Substrat und regelmäßige Düngergaben.
Schädlinge, Krankheiten: Auf Spitzhornschnecken achten!

Blumenbinse

BUTOMUS UMBELLATUS

Allgemeine Eigenschaften

Familie: Blumenbinsengewächse (Butomaceae)
Weiterer Name: Schwanenblume
Heimat: Schöne, leider immer seltener auftretende Pflanze, die man an ruhigen Teich- und Flussufern in Europa und Asien antrifft.
Beschreibung: Grasartig schmale, leicht dreikantige Blätter, die im Austrieb kupferfarben sind. Zahlreiche kleine rosa Blüten stehen in Dolden an der Spitze eines kräftigen Stängels, der 60 bis 80 cm oder höher werden kann. Das kräftige, kleine Rhizom ist sehr brüchig.
Verwendung: In Asien wird das Rhizom auf verschiedene Art verzehrt: roh, gegrillt, als Mehl zur Herstellung von Brot oder geröstet für Tee.

Ziehen Sie die Blumenbinse in ausreichend großen Containern, um ihr eine gute Entwicklung zu ermöglichen. Nur so können Sie von ihrer bemerkenswerten Sommerblüte profitieren.

Kultur

Winterhärte: Die widerstandsfähige Pflanze überwintert bei uns zuverlässig.
Standort: Sonne bis Halbschatten.
Vermehrung: Rhizomteilung.
Pflanzung: In 5 bis 30 cm Wassertiefe. Pflanzdichte: 6 bis 10 Pflanzen/m^2.
Substrat: Nährstoffreiche Erde, die regelmäßig nachgedüngt werden sollte.
Schädlinge, Krankheiten: Empfindlich gegenüber Blattläusen.

Schlangenwurz

CALLA PALUSTRIS

Eine hübsche kleine Pflanze mit besonderen Ansprüchen. Sie passt gut zu *Carex elata* 'Aurea' und *Iris versicolor*. Doch geben Sie Acht: Ihre dekorativen roten Beeren sind leider giftig.

Allgemeine Eigenschaften

Familie: Aronstabgewächse (Araceae)
Weitere Namen: Sumpfkalla, Drachenwurz
Heimat: Flache Gewässer der gemäßigten Zonen der Nordhalbkugel, leider immer seltener auftretend.
Beschreibung: Kleine, 15 bis 40 cm hohe Pflanze mit fleischigem, kriechendem Rhizom. Herzförmige, glänzend grüne Blätter an langen Blattstielen. Im Herbst auffällige rote Beerenkolben, die Früchte sind allerdings giftig.

Kultur

Winterhärte: Übersteht nur mäßig kalte Winter, jedoch keine tiefen Temperaturen und lang andauernde Kälte.
Standort: Sonne oder Halbschatten.
Vermehrung: Rhizomteilung; Aussaat ist schwierig.
Pflanzung: In flaches Wasser bis in 15 cm Tiefe. Pflanzdichte: 8 bis 10 Pflanzen/m^2.
Substrat: Torfhaltiger, saurer, humusreicher Boden.
Schädlinge, Krankheiten: Empfindlich gegenüber Blattläusen.

Die Blüten erscheinen im Juli, wobei das weiße Hochblatt (Spatha) den grünlich gelben Blütenkolben umhüllt. Dieser ist am Ende des Sommers mit roten Beeren bedeckt.

Sumpf-Dotterblume

CALTHA PALUSTRIS

Allgemeine Eigenschaften

Familie: Hahnenfußgewächse (Ranunculaceae)
Heimat: Auf der Nordhalbkugel bis in 2400 m Höhe heimische Pflanze. Dort an Bachufern, auf feuchten und sumpfigen Wiesen sehr verbreitet.
Beschreibung: Die Pflanze bildet einen 20 bis 40 cm hohen, rundlichen Horst aus leuchtend dunkelgrünen, herzförmigen Blättern. Diese sitzen an hohlen, aufgerichteten oder kriechenden, Wurzel bildenden Stielen. Die runden, glänzend goldgelben Schalenblüten von 3 bis 4 cm Durchmesser erscheinen sehr zeitig im Frühling (März–April). Es gibt zahlreiche Sorten, darunter *Caltha palustris* 'Plena' mit gefüllten und 'Alba' mit weißen Blüten.

Die zierliche Pflanze begrüßt mit ihrer frühen Blüte den Frühling. In einem Beet am Teichrand ist sie sehr dekorativ.

Kultur

Winterhärte: Zuverlässig winterhart.
Standort: Bevorzugt Halbschatten; ein sonniger Platz wird auch toleriert.
Vermehrung: Aussaat und Horstteilung.
Pflanzung: In staunassen Boden oder in wenige Zentimeter tiefes Wasser setzen. Pflanzdichte: 6 bis 8 Pflanzen/m^2.
Substrat: Wasser speichernde, dabei aber durchlässige, nährstoffreiche Böden.
Schädlinge, Krankheiten: Empfindlich gegenüber Blattläusen. Besonntes Laub wird bei starker Hitze oft von Mehltau befallen.

Raues Hornblatt

CERATOPHYLLUM DEMERSUM

Ein sehr guter Sauerstofflieferant, der üppig wächst und zudem noch sehr dekorativ ist. Manchmal ist es nötig, seinen übermäßigen Ausbreitungsdrang zu stoppen. Im Herbst lösen sich Winterknospen ab, um bis zum Frühling auf dem Beckengrund zu überwintern.

Allgemeine Eigenschaften

Familie: Hornblattgewächse (Ceratophyllaceae)
Weiterer Name: Hornkraut
Heimat: Die Unterwasserpflanze kommt auf allen Kontinenten vor.
Beschreibung: Doppelt gegabelte, dunkelgrüne Blätter, die quirlartig an einem steifen Stängel mit dicht stehenden Knoten angeordnet sind. Die Pflanze kann über 2 m lang werden. Ihre kleinen Blüten werden oft gar nicht bemerkt. Ein Wurzelsystem ist nicht vorhanden; die Verankerung im Schlamm geschieht durch die untersten Sprossteile.

Kultur

Winterhärte: Zuverlässig winterhart.
Standort: Keine besonderen Ansprüche. Der Pflanze genügen schwach vom Licht durchflutete Gewässer, was ihr gestattet, sich in tiefem Wasser oder im Schatten anderer Pflanzen zu entwickeln.
Vermehrung: Triebstecklinge.
Pflanzung: Man klemmt einfach einige Triebe in bis zu 80 cm tiefem Wasser unter einen Stein oder einen Container. Pflanzdichte: 3 bis 5 Büschel/m^2.
Substrat: Kein Substrat notwendig.
Schädlinge, Krankheiten: Keine.

Wechselblättriges Milzkraut

CHRYSOSPLENIUM ALTERNIFOLIUM

Eine natürlich wirkende Pflanze der Auenwälder ist das Wechselblättrige Milzkraut. Es passt sehr gut zu Sumpf-Dotterblume oder Sumpf-Vergissmeinnicht.

Allgemeine Eigenschaften

Familie: Steinbrechgewächse (Saxifragaceae)
Heimat: Einheimische Sumpfstaude, die quelligen Bereichen, Auwald-Bachrändern und an anderen halbschattigen, sumpfigen Stellen zu Hause ist.
Beschreibung: Die Pflanze wird nur etwa 5–8 cm hoch, besitzt fast runde, am Rand eingekerbte, gelbgrüne Blättchen. Die kleinen Blüten sind gelb und wirken durch Hochblätter größer. Blütezeit: April–Mai.

Kultur

Winterhärte: In Mitteleuropa zuverlässig winterhart.
Standort: Halbschattig bis schattig bei hoher Luftfeuchtigkeit.
Vermehrung: Teilung.
Pflanzung: Uferstaude für den Gewässerrand oder Feuchtwiesen. Pflanzdichte: 8 bis 10 Pflanzen/m^2.
Substrat: Feuchter bis nasser, nährstoffreicher Boden, der nicht austrocknen darf.
Schädlinge, Krankheiten: Fäulnispilze (Grauschimmel).

Hohes Zypergras

CYPERUS LONGUS SUBSP. LONGUS

Das umfangreiche Wurzelsystem und die große Anpassungsfähigkeit des Hohen Zypergrases gegenüber Feuchtigkeitsschwankungen machen es zur idealen Uferpflanze.

Allgemeine Eigenschaften

Familie: Ried- oder Sauergräser (Cyperaceae)
Weiterer Name: Langes Zypergras
Heimat: Heimische Staude, die feuchte Gräben und Wiesen besiedelt oder lockere Horste in flachem Wasser an Teichufern bildet. Die Blätter ausgepflanzter Exemplare, die dichte Büschel bilden, werden gern von Wasservögeln als Rückzugsmöglichkeit genutzt.
Beschreibung: Die glatten, dreieckigen Stängel sind besetzt mit glänzenden, harten Blättern. Sie tragen lockere, doldenförmige, rotbraune Blütenstände, die sich zu Rispen zusammensetzen. Die Horste werden bis 1,20 m hoch.

Kultur

Winterhärte: In milden Lagen ausreichend winterhart.
Standort: Sonne bis Halbschatten.
Vermehrung: Meist über Horstteilung. Aussaat ist auch möglich.
Pflanzung: Die Art kann in feuchten Boden, in den Sumpfbereich oder in bis zu 30 cm tiefes Wasser gepflanzt werden. Pflanzdichte: 3 bis 5 Pflanzen/m^2.
Substrat: Keine besonderen Ansprüche, allerdings entwickeln sich die Horste in fruchtbarem Boden imposanter.
Schädlinge, Krankheiten: Wenig empfindlich.

Papyrusstaude

CYPERUS PAPYRUS

Allgemeine Eigenschaften

Familie: Ried- oder Sauergräser (Cyperaceae)
Heimat: Lange säumten ausgedehnte Papyrusbestände den Nil, inzwischen wird er dort jedoch immer seltener. Heute findet man ihn an den Ufern großer Seen weiter südlich wieder (z. B. in Äthiopien).
Beschreibung: Majestätische Pflanze mit kräftigen, dreikantigen Stängeln, auf denen zierliche Blütendolden sitzen, die über 50 cm Durchmesser erreichen können. Unter guten Bedingungen kann Papyrus über 3 m hoch werden.

In Ägypten wurden zur Zeit der Pharaonen die Stängel der Staude zur Herstellung des Schreibmaterials Papyrus verwendet.

Kultur

Winterhärte: Muss vor dem ersten Frost unbedingt geschützt werden. Im Winter meidet die Staude zu viel Wasser. Zum Überwintern raten wir, sie in einen hellen, mäßig temperierten Raum zu stellen und das Substrat leicht feucht zu halten. Vermeiden Sie es in dieser Zeit, sie im Fußbad stehen zu lassen.
Standort: Sonnig.
Vermehrung: Rhizomteilung oder Aussaat.
Pflanzung: Da die Pflanze im Sommer viel Feuchtigkeit braucht, ist es ratsam, sie in mindestens 5 bis 20 cm tiefes Wasser zu setzen. Der maximale Wasserstand kann bis 50 cm betragen. Pflanzdichte: 1 bis 3 Pflanzen/m^2.
Substrat: Papyrus braucht ein sehr nährstoffreiches Substrat und in der Wachstumsperiode regelmäßige Düngergaben.
Schädlinge, Krankheiten: Empfindlich gegenüber Blatt- und Schildläusen.

Wasserhyazinthe

EICHHORNIA CRASSIPES

Die Pflanze trägt hervorragend zur Klärung und zur Verbesserung der Wasserqualität im Becken bei. Sie muss allerdings im warmen Gewächshaus überwintern.

Allgemeine Eigenschaften

Familie: Hechtkrautgewächse (Pontederiaceae)
Synonym: *Pontederia crassipes*
Heimat: Aus dem tropischen Amerika stammend, ist die Wasserhyazinthe mittlerweile in allen warmen Gegenden des Erdballs heimisch. Ihre Fähigkeit, sich in warmem Wasser rasch zu vermehren, bereitet vielen Tropenländern große Probleme. Denn die Pflanzen können ganze Schifffahrtswege zuwachsen und verstopfen.
Beschreibung: Die tropische Wasserpflanze kann dank der Luft in ihren fleischigen, dicken Blattstielen auf der Oberfläche schwimmen. Auf dem Blütenschaft thronen mehrere blauviolette Blüten, die jeweils ein gelber Fleck ziert. Die Blütezeit erstreckt sich über die gesamte warme Jahreszeit.

Kultur

Winterhärte: Die Pflanze sollte in einem tiefen Gefäß hell und bei etwa 10 bis 15 °C überwintern, am besten in einem Gewächshaus. Gelingt dies nicht, kann man sie problemlos im Gartencenter nachkaufen.
Standort: Volle Sonne, im wärmsten Teil des Beckens.
Vermehrung: Sie erfolgt mühelos durch die Bildung kleiner seitlicher Ausläufer, die jeweils wieder eine neue Pflanze bilden.
Pflanzung: Pflanzen einfach auf die Wasseroberfläche legen.
Substrat: Je mehr Nährstoffe das Wasser enthält, desto stärker entwickelt sich die Pflanze. Durch den Nährstoffentzug aus dem Wasser und die Lichtreduzierung aufgrund der großen Blätter wird die Algenbildung unterdrückt. Gleichzeitig werden auch einige Schmutzstoffe (Schwermetalle) aufgenommen.
Schädlinge, Krankheiten: Wenig empfindlich.

Kanadische Wasserpest

ELODEA CANADENSIS

Allgemeine Eigenschaften

Familie: Froschbissgewächse (Hydrocharitaceae)
Heimat: Flache, ruhige oder leicht fließende Gewässer Nordamerikas. Mittlerweile ist die Pflanze in vielen Ländern der gemäßigten Zonen verbreitet.
Beschreibung: Die fadenartigen, verzweigten Unterwassertriebe können bis zu 1 m lang werden. Sie tragen in regelmäßigen Abständen kleine, lanzettliche, dunkelgrüne Blätter, von denen jeweils drei einen Quirl bilden. Die unscheinbare Blüte erscheint ab Mai. Die Bewurzelung geschieht durch kleine Wurzeln am Triebansatz. Weitere Wurzeln können im Bereich der Knoten erscheinen; sie erlauben der Pflanze, dem Wasser direkt Nährstoffe zu entziehen.

Die Pflanze ist ein ausgezeichneter Sauerstoffspender und wird auch von den Fischen in der Laichzeit sehr geschätzt. Da sie sehr stark wuchert (was ihr ihren Namen eingebracht hat), muss man sich ihren Einsatz genau überlegen.

Kultur

Winterhärte: Vollkommen winterhart.
Standort: Bevorzugt lichtdurchflutete Gewässer. Um eine Überwucherung zu vermeiden, Bestände gelegentlich auslichten.
Vermehrung: Triebstecklinge und -stücke wachsen wie von selbst.
Pflanzung: In 30 bis 80 cm tiefes Wasser. Pflanzdichte: 1 bis 3 Büschel/m^2.
Substrat: Nährstoffreicher Schlammboden fördert die Entwicklung.
Schädlinge, Krankheiten: Wenig empfindlich.

Schachtelhalm

EQUISETUM

Die dekorativ gezeichneten Stängel des Schachtelhalms überdauern auch den Winter. Als interessantes Beiwerk von Sträußen ist er sehr beliebt.

Allgemeine Eigenschaften

Familie: Schachtelhalmgewächse (Equisetaceae)
Heimat: Die Gattung ist sehr artenreich. Der Winter-Schachtelhalm (*Equisetum hyemale* var. *robustum*), der in Nordamerika beheimatet ist, ist auch bei uns sehr bekannt. Seine blattlosen, kieselsäurehaltigen Halme wurden früher zum Polieren feiner Hölzer und des Silberbestecks verwendet.
Beschreibung: Imposante wintergrüne Pflanze, deren hohle Stängel beim Winter-Schachtelhalm 1,5 bis 2 m hoch werden können. Die grünen Halme zieren dunkle Ringe, was sie sehr dekorativ macht. Ausläufer bildend.

Kultur

Winterhärte: Sehr gut.
Standort: Bevorzugt Halbschatten; stehen die Wurzeln im Wasser, verträgt die Pflanze auch sonnige Plätze.
Vermehrung: Horstteilung und Triebstecklinge.
Pflanzung: In den feuchten bis sumpfigen Bereich oder in wenige Zentimeter tiefes Wasser; der Winter-Schachtelhalm bis zu 40 cm tief. Pflanzdichte: 4–6 Pflanzen/m^2.
Substrat: Kiesiger Boden.
Schädlinge, Krankheiten: Sehr robust, unempfindlich.

Schmalblättriges und Breitblättriges Wollgras

ERIOPHORUM ANGUSTIFOLIUM, E. LATIFOLIUM

Die Pflanzen mit den zierlichen Blüten sind besonders dekorativ, wenn sie in dichten Gruppen zusammenstehen.

Allgemeine Eigenschaften

Familie: Ried- oder Sauergräser (Cyperaceae)
Heimat: Sumpfige Bereiche und feuchte Heidegebiete auf der Nordhalbkugel. *E. angustifolium* ist eine typische Moorwiesen-Pflanze.
Beschreibung: *E. angustifolium*: Lange Rhizome. Zarte, dunkelgrüne, oft rötliche Blätter, 2 bis 4 mm breit und 20 bis 30 cm lang. Die zunächst bräunlich weißen, überhängenden Blütenähren reifen zu flaumigen, reinweißen »Wollbüscheln« aus. *E. latifolium*: Kurze Rhizome, die lockere Horste bilden. Blassgrüne Blätter von 3 bis 8 mm Breite und 30 bis 40 cm Länge. Die Blüten und Fruchtstände ähneln denen von *E. angustifolium*, sitzen aber an etwas längeren Stielen. Blütezeit ist April–Mai.

Kultur

Winterhärte: Zuverlässig winterhart.
Standort: Offene, sonnige Bereiche.
Vermehrung: Horstteilung.
Pflanzung: In (stau)nassem, moorigem Gelände. Pflanzdichte: 8 bis 12 Pflanzen/m^2.
Substrat: Nährstoffreiche, lockere Böden, für *E. angustifolium* im sauren Bereich, tendenziell neutral bis basisch für *E. latifolium*.
Schädlinge, Krankheiten: Keine.

Großer Schwaden

GLYCERIA MAXIMA

Die panaschierte Sorte *Glyceria maxima* 'Variegata' ziert mit ihrem leuchtenden Laub jeden Wassergarten.

Allgemeine Eigenschaften

Familie: Süßgräser oder Echte Gräser (Poaceae)
Synonym: *Glyceria aquatica*
Weiterer Name: Wasser-Schwaden
Heimat: Der Schwaden ist in Europa an Fluss- und Teichufern stark verbreitet, man findet ihn sogar in Brackwasser.
Beschreibung: Hohes Wassergras (1 m oder mehr) mit kriechendem Wurzelstock. Die bandartigen, biegsamen, grünen Blätter sind im Jugendstadium meist rötlich getönt. Bei der panaschierten Form *G. maxima* 'Variegata' sind sie mit weißen Längsstreifen versehen. Ab August erscheinen gelbliche Blütenrispen. Die stark wuchernde Art wird zur Uferbefestigung verwendet, dient aber auch zur Schaffung von Laichzonen.

Kultur

Winterhärte: Sehr kälteverträglich.
Standort: Die Pflanzen vertragen Sonne, doch sollte die panaschierte Sorte eher im Halbschatten stehen, wo sie zudem besser zur Geltung kommt.
Vermehrung: Horstteilung.
Pflanzung: In feuchte, sumpfige Bereiche oder in 5 bis 30 cm tiefes Wasser. Pflanzdichte: 6 bis 8 Pflanzen/m^2.
Substrat: Die anspruchslosen Pflanzen passen sich allen Bodenarten an. Sie verlangen nur eine Düngergabe bei der Pflanzung.
Schädlinge, Krankheiten: Empfindlich gegenüber Blattläusen.

Glyceria maxima 'Variegata'

Tannenwedel

HIPPURIS VULGARIS

Allgemeine Eigenschaften

Familie: Tannenwedelgewächse (Hippuridaceae)
Heimat: Die Staude besiedelt in großen Kolonien Stillgewässer aller Kontinente.
Beschreibung: Die auffälligen Triebe können in tiefem Wasser ganz untergetaucht sein oder sich bis etwa 30 cm über den Wasserspiegel erheben. Die kleinen quirlständigen Blätter verteilen sich über den gesamten Trieb und lassen ihn wie kleine Tannenzweige aussehen. Die unscheinbare Blüte im Juli–August bleibt oft unbemerkt. Das weiche, weißliche Rhizom bildet viele Ausläufer.

Tannenwedel sehen originell aus und sind so leicht zu ziehen, dass dies auch unerfahrenen Gärtnern gelingt. Sie tragen zur Sauerstoffanreicherung des Wassers bei, können aber auch stark wuchern.

Kultur

Winterhärte: Gut kälteverträglich.
Standort: Sonne oder Halbschatten.
Vermehrung: Rhizomteilung.
Pflanzung: In 10 bis 30 cm tiefes Wasser. Pflanzdichte: 6 bis 8 Pflanzen/m^2.
Substrat: Die Pflanze bevorzugt nährstoffreichen Schlammboden. Im Container muss sie regelmäßig gedüngt werden.
Schädlinge, Krankheiten: Die Triebe werden gern von Blattkäfer-Larven befallen.

Europäischer Froschbiss

HYDROCHARIS MORSUS-RANAE

Die kleine Schwimmpflanze erinnert an eine Seerose. Sie gedeiht in kleinen Becken und Kaltwasser-Aquarien genauso wie im Teich. Sie ist nicht zu verwechseln mit der gelb blühenden Gewöhnlichen Seekanne (*Nymphoides peltata*), die zu den Schwimmblattpflanzen zählt.

Allgemeine Eigenschaften

Familie: Froschbissgewächse (Hydrocharitaceae)
Heimat: Eher seltene Schwimmpflanze, die man in Europa, Westasien und Nordafrika in stehenden Gewässern, Teichen und Sümpfen antrifft.
Beschreibung: Die zierlichen Blattrosetten bilden Wurzeln und zahlreiche dünne Ausläufer, die sie miteinander verbinden. Die rundlich-herzförmigen Einzelblätter haben einen Durchmesser von 5 bis 6 cm. Die 2 cm großen weißen Blüten mit der gelben Mitte stehen meist einzeln. Die Wurzeln können sich in flachem Wasser im Boden festhalten. Ansonsten nehmen sie die Nährstoffe direkt aus dem Wasser auf. Die Pflanze überwintert mit Winterknospen (Hibernakeln), aus denen sich im Frühjahr wieder neue Pflanzen entwickeln.

Kultur

Winterhärte: Problemlos in unseren Breiten zu überwintern.
Standort: Keine besonderen Ansprüche.
Vermehrung: Abtrennen der Ausläufer; Winterknospen überdauern am Gewässergrund.
Pflanzung: Die Schwimmpflanze wird einfach auf die Wasserfläche gesetzt.
Substrat: Kein kalkhaltiges Wasser.
Schädlinge, Krankheiten: Wenig empfindlich.

Gewöhnlicher Wassernabel

HYDROCOTYLE VULGARIS

Allgemeine Eigenschaften

Familie: Doldenblütler (Apiaceae)
Heimat: In Europa in Moorgebieten, Sümpfen, auf Feuchtwiesen und an Grabenrändern verbreitete Pflanze.
Beschreibung: Die Triebe dieser kleinen Pflanze kriechen am Boden; sie bilden Ausläufer und Wurzeln aus. Ihre zahlreichen runden, am Rand gewellten Blätter wachsen am Ende langer, zarter, flaumiger Blattstiele, die in der Blattmitte ansetzen. Ab Juni erscheinen winzige, grünlich weiße bis rosafarbene Blüten, die häufig am Blattansatz verborgen sind.

Ein ausgezeichneter Bodendecker, der auf dekorative Art und Weise den Beckenrand kaschiert. Er passt aufgrund der gegensätzlichen Blattform gut zu Schachtelhalm (*Equisetum*). Der Name bezieht sich auf den nabelartigen Stängelansatz inmitten der rundlichen Blattspreite.

Kultur

Winterhärte: Robust und winterhart.
Standort: Sonne oder Halbschatten bevorzugt, schattige Bereiche werden toleriert.
Vermehrung: Horstteilung oder Triebstecklinge.
Pflanzung: Am besten an sehr feuchten Ufern oder in einige Zentimeter tiefes Wasser pflanzen. Pflanzdichte: 8 bis 12 Pflanzen/m².
Substrat: Saurer Boden und weiches Wasser, keine Kalkböden.
Schädlinge, Krankheiten: Wenig empfindlich.

Asiatische Sumpf-Schwertlilie

IRIS LAEVIGATA

Diese Schwertlilien-Art, die schwächer wächst als *Iris pseudacorus*, eignet sich gut für kleine Teiche. *Iris laevigata* 'Variegata' ist eine Sorte mit auffällig panaschierten Blättern.

Allgemeine Eigenschaften

Familie: Schwertliliengewächse (Iridaceae)
Heimat: Die Art wächst in Sümpfen sowie an See- und Flussufern im Nordosten Asiens (Japan, Korea, nördliches China).
Beschreibung: Aus dem kriechenden Rhizom entwickeln sich 3 bis 4 cm breite, leicht hängende Blätter. Die 50 bis 60 cm hohen Horste sind weniger üppig als die von *Iris pseudacorus*. Die etwa 10 cm großen Blüten, die bei der Art blau sind, bei einigen Hybriden auch weiß oder rosa sein können, erscheinen ab Juni.

Kultur

Winterhärte: Sehr gut.
Standort: Sonnig.
Vermehrung: Rhizomteilung.
Pflanzung: In sumpfigen Boden bis in 20 cm tiefes Wasser. Pflanzdichte: 3 bis 6 Pflanzen/m^2.
Substrat: Kalkarmer Boden.
Schädlinge, Krankheiten: Die Pflanzen werden gelegentlich vom Lilienhähnchen, einem kleinen roten Käfer, befallen.

Unten und rechts: *Iris laevigata* 'Variegata'

Ihre Blüte war das Wahrzeichen der französischen Königshäuser.

Sumpf-Schwertlilie

IRIS PSEUDACORUS

Allgemeine Eigenschaften

Familie: Schwertliliengewächse (Iridaceae)
Weiterer Name: Wasser-Schwertlilie
Heimat: In Europa und Nordafrika sehr verbreitet. Variabler Lebensraum, stets in Verbindung mit Wasser.
Beschreibung: Die breiten, schwertförmigen, steifen Blätter bilden dicke Horste, die 1 m oder höher werden können. Das kräftige Rhizom ist an der Bodenoberfläche gut verankert. Von Mai bis Juli erscheinen leuchtend gelbe Blüten.

Kultur

Winterhärte: Die Pflanze verträgt selbst strenge Winter.
Standort: Sonne bis Halbschatten.
Vermehrung: Rhizomteilung und Aussaat.
Pflanzung: In feuchte Erde oder in bis zu 30 cm tiefes Wasser.
Substrat: Nährstoffreiche, basische bis leicht saure Böden.
Schädlinge, Krankheiten: Am Naturstandort können Bisamratten die Irishorste zerstören. Im Herbst werden die Samenkapseln oft von Rüsselkäfer-Larven befallen.

Es gibt eine Vielzahl von Sorten. Besonders interessant sind die panaschierten Blätter von *Iris pseudacorus* 'Variegatus'.

Verschiedenfarbige Schwertlilie

IRIS VERSICOLOR

Allgemeine Eigenschaften

Familie: Schwertliliengewächse (Iridaceae)
Heimat: Die Art stammt aus Nordamerika und wächst in Sümpfen, auf Feuchtwiesen sowie an See- und Flussufern.
Beschreibung: Dichte, 50 bis 60 cm hohe Horste aus kräftig grünen, breiten, teilweise leicht überhängenden Blättern ohne Mittelrippe. Die mittelgroßen Blüten in mehr oder weniger intensivem Blauviolett erscheinen im Mai–Juni. Es gibt zahlreiche Sorten, darunter *Iris versicolor* 'Kermesina' mit purpurroten Blüten.

Weniger wüchsig als *Iris pseudacorus*, eignet sich *Iris versicolor* gut für die Gestaltung kleiner Wasserbecken oder Teiche.

Kultur

Winterhärte: Verträgt selbst strenge Winter.
Standort: Sonne oder Halbschatten.
Vermehrung: Horstteilung oder Aussaat.
Pflanzung: In feuchter Erde oder im Sumpfbereich, die Pflanze kann aber auch in bis zu 20 cm tiefem Wasser stehen. Pflanzdichte: 6 Pflanzen/m^2.
Substrat: Keine besonderen Ansprüche, bevorzugt aber nährstoffreiche, schlammige Böden.
Schädlinge, Krankheiten: Sie kennt kaum Krankheiten außer der Bisamratte an naturnahen Standorten.

Binse

JUNCUS

Binsen werden in der Gestaltung eines Wassergartens wegen der grafischen Wirkung ihrer meist immergrünen Stängel geschätzt. Ihre feinen, stark entwickelten Wurzelsysteme machen sie zu ausgezeichneten Pflanzen für die Uferbefestigung.

Allgemeine Eigenschaften

Familie: Binsengewächse (Juncaceae)
Heimat: Große Bereiche der Nordhalbkugel.
Beschreibung: Binsen besitzen im Allgemeinen zylindrische, aufrechte Halme mit Tragblättern, die an der Basis der Triebe ansetzen. Die Halme der Blaugrünen Binse (*Juncus inflexus*) sind blaugrün und gerillt. Bei der Schwertblättrigen Binse (*J. ensifolius*) sind sie glatt und flach in Form kleiner Blätter, die denen der Schwertlilie ähneln. Die Halme der Korkenzieher-Binse (*Juncus effusus* 'Spiralis') sind glatt, spiralig gewunden bis korkenzieherartig gedreht. Das kräftige, kurze Rhizom kann eine rasenartige Ausbreitung bewirken; dies gilt besonders für *J. ensifolius*. Die kleinen, braunen Blütenstände erscheinen ab Juni am Ende der Halme und sehen aus wie kleine Igel.

Kultur

Winterhärte: Die Pflanzen sind sehr kälteverträglich.
Standort: Sonnige bis schattige Plätze.
Vermehrung: Horstteilung und Aussaat.
Pflanzung: Binsen bevorzugen feuchte Ufer, können aber auch in 5 bis 10 cm tiefes Wasser gesetzt werden. Pflanzdichte: 6 bis 8 Pflanzen/m^2.
Substrat: Jeder Feuchtigkeit speichernde, aber nicht staunasse, nährstoffreiche Boden, z. B. sandiger Lehmboden. *J. inflexus* bevorzugt kalkhaltige Böden.
Schädlinge, Krankheiten: Keine.

Links: Bei *Juncus ensifolius* sind die Halme nicht zylindrisch wie bei den meisten anderen Binsen-Arten, sondern flach. Rechts: *Juncus effusus* 'Spiralis'.

Scheinkalla

LYSICHITON

Allgemeine Eigenschaften

Familie: Aronstabgewächse (Araceae)
Heimat: Die Weiße Scheinkalla (*L. camtschatcensis*) stammt aus Kamtschatka und Japan, wo man sie in Sümpfen und an Teichrändern antrifft. Die Gelbe Scheinkalla (*L. americanus*) wächst im Nordwesten der Vereinigten Staaten in Feuchtwäldern und Sümpfen.
Beschreibung: Große, länglich ovale Blätter mit kurzem Stiel, die bei *L. americanus* 60 bis 100 cm lang und 30 cm breit werden können. Die Blätter von *L. camtschatcensis* sind weniger beeindruckend und werden selten über 50 cm hoch. Die Blüten erscheinen vor dem Laub und bilden 10 bis 20 cm lange Blütenkolben.

Scheinkalla wachsen schwer an, doch lassen ihre Blüte und ihr beeindruckendes Laub nach einigen Jahren den mühsamen Anfang vergessen.

Kultur

Winterhärte: Nur bei geschütztem Standort ausreichend winterhart. Deshalb Pflanze im Winter an einen geschützten Platz umsetzen oder mit Laub abdecken, vor allem im ersten Winter.
Standort: Volle Sonne meiden, besonders in sehr warmen Gegenden.
Vermehrung: Horstteilung und Aussaat.
Pflanzung: In feuchten bis nassen Boden oder in bis 10 cm tiefes Wasser. Pflanzdichte: 3 Pflanzen/m^2.
Substrat: Nährstoffreich, tiefgründig, eher etwas saurer.
Schädlinge, Krankheiten: Das einzige Problem können Schnecken sein, die das Laub anfressen.

Die Blüten von *L. camtschatcensis* (links) werden von einem weißen Hochblatt, die von *L. americanus* (rechts) von einem gelben umhüllt. Die Blüten der letztgenannten Art verströmen einen eher unangenehmen Geruch.

Blut-Weiderich

LYTHRUM SALICARIA

Diese schöne Staude, die häufig wild an Ufern anzutreffen ist, entwickelt im Sommer herrliche purpurrote Blütenstände. Sie passt gut zu Schilf.

Allgemeine Eigenschaften

Familie: Weiderichgewächse (Lythraceae)
Heimat: Er stammt aus Europa und Asien, wo man ihn an See-, Weiher- und Flussufern wie auch auf Feuchtwiesen und in Erlenbrüchen antrifft.
Beschreibung: Diese weit verbreitete Staude wird 50 bis 150 cm hoch. Die vierkantigen Stängel sind sehr kräftig. Die ungestielten, lanzettlichen Blätter, die an der Basis verbreitert sind, sind im unteren Teil gegenständig und im oberen Bereich manchmal auch wechselständig angeordnet. Die purpur- bis fuchsienroten, kerzenförmigen Blütenähren erscheinen von Juni bis September.

Kultur

Winterhärte: Zuverlässig winterhart.
Standort: Volle Sonne bis Halbschatten.
Vermehrung: Aussaat.
Pflanzung: In feuchten bis nassen Boden oder bis in 10 cm tiefes Wasser. Pflanzdichte: 3 bis 6 Pflanzen/m^2.
Substrat: Gedeiht problemlos auf allen Bodentypen.
Schädlinge, Krankheiten: Wenig empfindliche Pflanze.

Wasser-Minze

MENTHA AQUATICA

Allgemeine Eigenschaften

Familie: Lippenblüter (Lamiaceae)
Heimat: Man trifft sie an feuchten Standorten rund um den Erdball an.
Beschreibung: Aufrecht-buschig wachsende Pflanze. Ihre duftenden Blätter sind meist grün, können aber auch eine schöne Purpurtönung annehmen. Die rosa bis zartlila Blüten bilden in den oberen Blattachseln der 40 bis 60 cm hohen Stängel kleine Blütenkerzen. Die Pflanze verbreitet sich mittels Ausläufern, die sich aus der Sprossbasis entwickeln. Aus den stark aromatischen Blätter kann man Tee zubereiten.

Eine Pflanze, die so leicht zu ziehen ist, hat meist die Eigenschaft zu wuchern. Die Sorte 'Rubra', deren Blätter und Stängel purpurrot sind, ist besonders dekorativ (Foto unten rechts).

Kultur

Winterhärte: Sehr kälteverträglich.
Standort: Anspruchslos, toleriert fast alle Standorte.
Vermehrung: Horstteilung.
Pflanzung: Die Pflanze passt sich allen Kulturbedingungen an, wenn nur Wasser vorhanden ist. Dies kann feuchte Erde wie auch ein Wasserstand von 10 bis 30 cm sein. In flachen Gewässern verträgt sie sogar Strömung. Pflanzdichte: 6 bis 8 Pflanzen/m^2.
Substrat: Keine besondere Ansprüche.
Schädlinge, Krankheiten: Empfindlich gegenüber Blattläusen.

Bitterklee

MENYANTHES TRIFOLIATA

Eine hübsche Pflanze für saure Moorböden, die wegen ihres dekorativen Laubes und der überaus zarten Blüten beliebt ist. Leider wird sie immer seltener, da ihre natürlichen Lebensräume nach und nach zerstört werden und sie wegen ihrer zahlreichen Heilwirkungen übermäßig stark geerntet wird.

Allgemeine Eigenschaften

Familie: Fieberkleegewächse (Menyanthaceae)
Weiterer Name: Fieberklee
Heimat: An Teich-, See- und Flussufern in der gesamten nördlichen Hemisphäre. Man trifft ihn häufig in Höhenlagen, oft in Verbindung mit Torfmooren, an. Er kann im flachen Wasser große Kolonien bilden.
Beschreibung: Pflanze mit langen, fleischigen Rhizomen, die sich an der Oberfläche entwickeln. Die dreiteiligen, unbehaarten, dunkelgrün glänzenden Blätter ähneln einem Kleeblatt. Aus zartrosa Knospen entwickeln sich im Mai–Juni zierliche weiße, gefranste Blüten.

Kultur

Winterhärte: Zuverlässig winterhart.
Standort: Sonnig.
Vermehrung: Rhizomteilung. Die Aussaat ist schwierig.
Pflanzung: In die Sumpfzone oder in 5 bis 30 cm tiefes, auch fließendes Wasser. Pflanzdichte: 8 bis 12 Pflanzen/m^2.
Substrat: Saure, torfhaltige Böden.
Schädlinge, Krankheiten: Empfindlich gegenüber Blattläusen.

Die rosaweißen Blütenblätter sind mit zahlreichen Härchen besetzt.

Gewöhnliche Gauklerblume

MIMULUS GUTTATUS

Allgemeine Eigenschaften

Familie: Rachenblütler (Scrophulariaceae)
Heimat: Die Art stammt aus dem westlichen Nordamerika, ist in Europa mittlerweile heimisch geworden und wächst auf feuchten Böden oder in flachen Gewässern.
Beschreibung: 30 bis 50 cm hohe Staude mit kriechendem Wurzelstock. Die hellgrünen Blätter sind länglich oval und am Rand gezähnt. Die zahlreichen, kräftig gelben Blüten, die an aufrechten Stängeln sitzen, weisen im Innern rote Pünktchen auf.

Eine anspruchslose, schöne Pflanze mit üppiger Blüte, die gut als Bodendecker verwendet werden kann. Sie sät sich leicht aus und kann sich so stark ausbreiten. Deshalb ist es ratsam, die verwelkten Blüten zu entfernen.

Kultur

Winterhärte: Gut kälteverträglich.
Standort: Die Pflanze bevorzugt sonnige Standorte, passt sich aber auch Halbschatten gut an.
Vermehrung: Selbstaussaat. Man kann auch einfach den Horst teilen, indem man die seitlichen Schösslinge abtrennt.
Pflanzung: An feuchte Ufer oder in Sumpfzonen; gelegentliche Überflutung wird auch vertragen. Pflanzdichte: 8 bis 10 Pflanzen/m^2.
Substrat: Sie passt sich allen Bodenverhältnissen an.
Schädlinge, Krankheiten: Wenig empfindlich.
Anmerkungen: Denken Sie daran, die verwelkten Blüten zu entfernen, damit sich die Pflanze nicht aussät und Ihren Garten überwuchert.

Eine weitere interessante Art ist *Mimulus ringens* mit lavendelblauen Blüten.

Sumpf-Vergissmeinnicht

MYOSOTIS PALUSTRIS

Wenn sich die Pflanze wohl fühlt, kann sie kräftig wachsen, ist dann aber trotzdem leicht zu kontrollieren. Als Bodendecker, am Beckenrand, am Fuß von Schwertlilien und Seggen macht sie stets eine gute Figur.

Allgemeine Eigenschaften

Familie: Raublattgewächse (Boraginaceae)
Heimat: Nordhalbkugel, verbreitet an Bachufern und auf Feuchtwiesen.
Beschreibung: Kleine Staude mit kriechendem Wurzelstock und blassgrünen, ungestielten, fleischigen Blättern. Die lockeren Blütenstände bestehen aus vielen kleinen himmelblauen Blüten. Die Blütezeit erstreckt sich von Juni bis August.

Kultur

Winterhärte: Sehr gute Winterhärte.
Standort: Sonnig bis halbschattig.
Vermehrung: Horstteilung oder Aussaat.
Pflanzung: Pflanze für feuchten bis nassen Boden, die sogar eine zeitweilige Überflutung verträgt. Pflanzdichte: 8 bis 12 Pflanzen/m^2.
Substrat: Keine besonderen Ansprüche.
Schädlinge, Krankheiten: Kann von Larven und Imagos verschiedener Blattkäfer befallen werden.

Ähriges Tausendblatt

MYRIOPHYLLUM SPICATUM

Allgemeine Eigenschaften

Familie: Meerbeerengewächse (Haloragaceae)
Heimat: In Europa heimische Unterwasserpflanze, deren Blüten sich über die Wasseroberfläche erheben.
Beschreibung: Ausdauernde, Ausläufer treibende Art mit beblätterten Stängeln. Die Blattquirle bestehen aus etwa 3 cm langen, kammartig gefiederten Blättchen. Die kleinen blassrosa Blüten können sich je nach Wasserstand 10 bis 20 cm aus dem Wasser erheben.

Das Tausendblatt kann schnell große Flächen überwuchern. Deshalb sollte es nur in Teiche gepflanzt werden, wo es gut möglich ist, es in Grenzen zu halten. Es bildet einen dichten Pflanzenteppich, mit dem man den Beckenrand oder andere unschöne Stellen kaschieren kann. Seine Wasser klärende Funktion ist ebenfalls nicht zu vernachlässigen.

Kultur

Winterhärte: Die heimische Art ist vollkommen winterhart; ihre brasilianische Verwandte *M. aquatica* muss dagegen frostfrei überwintert werden.
Standort: Sonnig bis halbschattig.
Vermehrung: Stecklinge aus Triebstücken.
Pflanzung: Die Schwimmpflanze wird einfach auf das Wasser gesetzt; sie gedeiht gut bei einem Wasserstand von 40 cm oder mehr und kann sich sogar zum »Unkraut« entwickeln. Bei einer Pflanzung in die Sumpfzone sollte diese mindestens mit 30 cm Wasser bedeckt sein.
Substrat: Lehmig-humos.
Schädlinge, Krankheiten: Keine.

Lotosblume

NELUMBO NUCIFERA, N. LUTEA

Die Lotosblüte symbolisiert in Asien Schönheit und Reinheit. Durch die Perfektion der Blätter und Blüten schafft sie ein wahrhaft exotisches Flair.

Allgemeine Eigenschaften

Familie: Lotosblumengewächse (Nelumbonaceae)
Heimat: Die Indische Lotosblume (*Nelumbo nucifera*) stammt aus Asien und Afrika, die Amerikanische Lotosblume (*N. lutea*) aus Nordamerika. In gemäßigten und warmen Zonen sind sie in Sümpfen und flachen Gewässern sehr verbreitet.
Beschreibung: Charakteristisch für beide Arten sind die großen, schildförmigen, kräftig grünen Blätter, die sich zuweilen bis 1 m über den Wasserspiegel erheben. Die Oberseite ist mit einer dünnen, wasserundurchlässigen Wachsschicht überzogen. Die großen schalenförmigen Blüten thronen auf einem langen, kräftigen Stiel. Bei *N. nucifera* sind sie ursprünglich rosa, doch mittlerweile gibt es auch andersfarbige Sorten (Blütezeit April–August). *N. lutea* blüht im Juli–August in weißen bis gelben Nuancen. Sehr dekorativ sind auch die Fruchtkapseln, deren Form an Gießkannenbrausen erinnert. Das weiße, stark Ausläufer bildende Rhizom ist bananenförmig verdickt und sehr brüchig.

Nelumbo lutea, die Gelbe Lotosblume aus Amerika.

Kultur

Winterhärte: Wenn sie mit ihrem Container in 1 bis 1,2 m tiefes Wasser gesetzt wird, verträgt sie einen kurzfristigen Temperaturabfall auf –10 °C. Bei weniger tiefem Wasser raten wir, die Rhizome vorsichtig herauszunehmen und sie in Sand eingeschlagen an einem frostfreien bis temperierten Ort zu überwintern.

Nelumbo nucifera stammt aus Indien.

Standort: Im Freien so geschützt, warm und sonnig wie möglich platzieren; *N. nucifera* am besten im Gewächshaus oder Wintergarten kultivieren.
Vermehrung: Zu Beginn der Wachstumszeit, etwa im April, müssen die bananenförmigen Rhizome abgenommen werden, wobei ein Teilstück ein oder zwei Knoten und eine Endknospe aufweisen muss. Die äußerst brüchigen Rhizome werden dann waagerecht in das Substrat gelegt, mit einer dünnen Substratschicht und einigen Zentimetern Sand bedeckt. Am besten zieht man sie im Container vor.
Pflanzung: In 40 bis 60 cm tiefes Wasser pflanzen. Wenn Sie sie im Container ziehen, sollte dieser einen Durchmesser von über 1,50 m aufweisen, in den ein bis zwei Rhizome passen.
Substrat: Lotosblumen sind starkzehrend, verlangen ein nährstoffreiches, lehmhaltiges Substrat und jährlich eine Langzeitdüngergabe. Ohne Depotdünger brauchen sie während der Wachstumszeit alle 14 Tage eine Volldüngergabe.
Schädlinge, Krankheiten: Sehr empfindlich gegenüber Blattläusen.
Anmerkungen: Wir betonen noch einmal, dass die Rhizome der Lotosblume sehr brüchig sind und nur mit großer Vorsicht behandelt werden dürfen! Deshalb empfiehlt sich für den Fall einer winterlichen »Umsiedlung« die Kultivierung im Container. In Japan gelten sie übrigens als Delikatesse, etwa bei der Verarbeitung zu Lotoswurzelbällchen.

Unten: Der Entwicklungszyklus einer Indischen Lotosblüte.

Gelbe Teichrose

NUPHAR LUTEA

Die Schönheit der Blüten ist nicht so Aufsehen erregend wie bei den Seerosen, doch sollte die Gelbe Teichrose auf großen Wasserflächen nicht fehlen.

Allgemeine Eigenschaften

Familie: Seerosengewächse (Nymphaeaceae)
Weiterer Name: Teichmummel
Heimat: Teiche, Seen und ruhige Flüsse der Nordhalbkugel, dort in großen Kolonien auftretend. Die Art ist wegen ihrer Empfindlichkeit gegenüber chemischen Wasserverunreinigungen vom Aussterben bedroht.
Beschreibung: Große, herzförmige Schwimmblätter, die auch aus dem Wasser herausragen können. Die duftenden, gelben Blüten erscheinen von Juni bis August. Das Rhizom ist dick, kräftig und Ausläufer bildend. *Nuphar lutea* ist seit der Antike bekannt als Aphrodisiakum.

Kultur

Winterhärte: Völlig winterhart.
Standort: Sonnig bis schattig, keine besonderen Ansprüche.
Vermehrung: Durch Selbstaussaat unter Wasser oder Rhizomteilung.
Pflanzung: In 60 bis 200 cm tiefes Wasser, ähnlich Seerosen. Pflanzdichte: 1 bis 2 Pflanzen/m².
Substrat: Teichrosen passen sich jedem Substrat an.
Schädlinge, Krankheiten: Blattläuse und Seerosen-Schädlinge.

Nach der Befruchtung zieht der Blütenstiel ein und taucht mitsamt der zukünftigen Frucht unter. Wenn sie reif ist, löst sie sich ab und steigt an die Oberfläche. Dort saugt sie sich mit Wasser voll, löst sich auf und gibt die Samen frei.

Seerosen

NYMPHAEA

Allgemeine Eigenschaften

Familie: Seerosengewächse (Nymphaeaceae)
Heimat: Die winterharten Arten sind in Stillgewässern Nordafrikas, Europas und Amerikas zu Hause, die so genannten tropischen Arten in Asien, Südafrika, Südamerika und Ägypten.
Beschreibung: Rhizompflanze mit breiten Schwimmblättern, die meist glänzend grün sind, bei einigen Arten marmoriert oder braun getönt. Wenn sie in geringer Tiefe oder dicht gepflanzt sind, können die Blätter über die Wasseroberfläche hinausragen. Die beeindruckenden Blüten öffnen sich nach Sonnenaufgang und schließen sich nach Sonnenuntergang. Sie halten etwa eine Woche.

Die Seerose ist das Wahrzeichen des Wassergartens. Die tropischen Arten, die sehr empfindlich gegenüber kaltem Wasser sind, müssen Innenbecken mit warmem bis lauwarmem Wasser vorbehalten bleiben. Deshalb raten wir Ihnen, für den Gartenteich winterharte Arten auszuwählen, worauf sich auch unsere Sortenauswahl beschränkt.

Kultur

Winterhärte: Die winterharten Arten, die uns hier interessieren, müssen ausreichend tief gepflanzt werden, damit die Rhizome nicht gefrieren.
Standort: Sonnig.
Vermehrung: Teilung des Wurzelballens und über Rhizomstecklinge.
Pflanzung: Je nach Sorte in 20 cm (Zwerg-Seerosen) bis 1 m tiefes Wasser, bei manchen sogar bis zu 2 m Wassertiefe.
Substrat: Fühlt sich in schweren Schwemmböden wohl. Ein zu hoher Nährstoffgehalt bedingt eine verstärkte Laubbildung zu Lasten der Blüten.

Nymphaea 'James Brydon'

Schädlinge, Krankheiten

Blattläuse: Gefährdet sind Blätter und Blüten. Die Blattläuse lassen sich in Wassernähe nicht immer einfach durch Abspritzen entfernen, ohne dass sie ins Wasser fallen. Am besten bekämpft man sie schon auf Zwischenwirten, auf denen sie überwintern (z. B. Pflaumen, Kirschen).
Seerosenblattkäfer: Die nur wenige Millimeter großen Larven des Käfers (*Galerucella nymphaea*) minieren und fressen die Blätter an. Das erwachsene Weibchen legt seine gelben Eier in Häufchen auf die Blätter; sie wie auch die Larven sollten von Hand abgesammelt werden.

Seerosenzünsler: Die Raupen dieser kleinen weißgrauen Nachtfalter (*Nymphula nymphaeata*) hinterlassen durchlöcherte Blätter und machen sich über die Blattränder her. Aus ihnen schneiden sie am Ende des Larvenzyklus Stücke heraus, um sich einen schwimmenden Unterschlupf zur Verpuppung zu bauen. Abhilfe schaffen Insekten vertilgende Fische oder das Absammeln der Larven.
Mückenlarven, z. B. die Faltenmücke (*Ptychoptera contaminata*), können das Laub ebenfalls schwer schädigen (Ober- wie Unterseite). Kleine Fische wie Elritzen sind eine wertvolle Bekämpfungshilfe.
Pilzerkrankungen: Bei ungünstigen Kulturbedingungen (z. B. zu dichtem Pflanzenbestand, ungünstigen klimatischen Verhältnissen, zu viel Schatten, Verletzungen der Pflanze) können Schimmelpilze wie *Phytophtora* das Rhizom besiedeln und schädigen. Kranke Pflanzen sollten aus dem Bestand entfernt werden. Bei der Pflanzvorbereitung werden erkrankte Rhizomstellen sorgfältig herausgeschnitten und mit einem geeigneten Fungizid behandelt.

1

Winterharte Arten und Sorten

Wir stellen die bekanntesten Arten nach der jeweiligen Pflanztiefe geordnet vor.

Sehr flaches Wasser, Miniteiche und Kübel: 15 bis 25 cm

– *N. laydekeri* 'Fulgens': Purpurrote üppige Blüten.
– *N. pygmaea* 'Alba' (**1**): Miniaturform mit reinweißen Blüten von 2 bis 3 cm Durchmesser.
– *N. pygmaea* 'Helvola' (**2**): Hübsche kleine Blüten in Gelb von 3 bis 4 cm Durchmesser. Weniger wuchskräftig.

2

3

Flachwasser: 20 bis 40 cm

– *N. candida*: Stammt aus Europa, wo sie immer seltener wird. Kräftig grünes Laub und weiße, schalenförmige Blüten von 8 cm Durchmesser.

– *N.* 'Ellisiana': Sehr blühfreudig, mit kleinen zinnoberroten bis violettroten Blüten von etwa 5 cm Durchmesser. Purpurn schimmerndes Laub.

– *N.* 'Froebelii' (**3**): Karminrote, 6 bis 8 cm große Blüten, die sich nur teilweise öffnen. Blühfreudig. Blüht bis zum frühen Abend, auch bei kühler Witterung.

– *N.* 'Moorei' (**4**): Kanariengelbe Blüte, 12 bis 15 cm groß. Mittelkräftige Sorte, die aber weniger krankheitsanfällig ist als die etwas blassere 'Marliacea Chromatella'.

– *N. odorata* 'Sulphurea': Hübsche, sternförmige Blüten in Schwefelgelb mit einem Durchmesser von 10 bis 14 cm; sie erblühen über der Wasserfläche. Rot geflecktes Laub. Nicht sehr wüchsig.

– *N.* 'Paul Hariot': Cremerosa Blüten mit einer Tendenz zu Kupfergelb, 8 bis 10 cm im Durchmesser. Grünes Laub mit unregelmäßiger rötlicher Zeichnung.

– *N.* 'Rosennymphe' (**5**): Sternförmige Blüten, beim Aufblühen lachsrosa, später hellrosa, 12 bis 15 cm im Durchmesser. Blühfreudig.

– *N.* 'René Gérard' (**6**): Kräftige Sorte mit sternförmigen, leuchtend rosa Blüten von 12 bis 14 cm Durchmesser. Die Farbe der Blütenblätter wird von innen nach außen heller.

– *N.* 'William Falconer' ('Chateau le Rouge'): Dunkel rubinrote Blüten, die bis zu 12 cm groß werden können. Rot geädertes Laub.

4

5

6

1

2

3

Mittlere Tiefe: 40 bis 90 cm

– *N.* 'Candidissima Rosea': Sehr kräftige Sorte mit hellrosa Blütenblättern, die an der Spitze fast weiß sind. Die Blüten haben einen Durchmesser von etwa 12 cm.
– *N.* 'Gonnère': Weiße, gefüllte Blüten, kugelig, dabei wohl geformt, über 15 cm im Durchmesser. Eine wahre Schönheit.
– *N.* 'Hermine' (**1**): Blüten in reinem Weiß mit einem Durchmesser von 10 bis 12 cm. Sie erheben sich einige Zentimeter über der Wasserfläche.
– *N.* 'James Brydon' (siehe Abb. S. 63): Hübsche schalenförmige Blüten mit relativ kurzen, kirschroten Blütenblättern. Durchmesser 10 bis 12 cm. Marmoriertes Laub mit roten Flecken. Diese Pflanze kann in leichten Schatten gesetzt werden.
– *N.* 'Masaniello': Kräftige Sorte mit früher, üppiger Blüte. Relativ große Blüten von 15 bis 18 cm Durchmesser. In der Mitte dunkelrosa, werden die Blütenblätter zum Rand hin heller.
– *N.* 'Sioux': Die Farbe der 10 bis 12 cm großen Blüten veändert sich mit zunehmender Reife. Am ersten Tag sind die Blüten gelb, dann werden sie kupfergelb und vor dem Verblühen dunkelrot. Die jungen Blätter zeigen auffällige Marmorierungen.
– *N.* 'Sunrise': Herrliche, sternförmige Blüten in lebhaftem Gelb mit länglichen, spitzen Blütenblättern, die oberhalb der Wasserfläche aufblühen. Ihr Durchmesser kann über 20 cm betragen.

Tiefer Wasserstand: 90 cm und mehr

– *N. alba* (**3**): Einheimische, häufig in Weihern vorkommende Art. Die 10 bis 12 cm großen Blüten in reinem Weiß verströmen einen leichten Duft. Sehr kräftige, manchmal wuchernde Sorte, die nicht unter 1 m Pflanztiefe gesetzt werden sollte.
– *N.* 'Attraction' (**2**): Große Blüten von 16 bis 18 cm Durchmesser. Die Blütenblätter weisen alle Abstufungen von Karminrot bis zu einem blassen Rot auf; sie sind zur Spitze hin heller und geädert.

Die Staubgefäße sind dunkelrot. Die zahlreichen Blätter sind sehr ausladend.
– *N.* 'Charles de Meurville': Die Sorte ähnelt 'Attraction' sehr. Ihre Blütenblätter sind jedoch länglicher und gleichmäßiger getönt.
– *N.* 'Carnea': Hellrosa Blüte von 10 bis 12 cm Durchmesser. Kräftig wachsend.
– *N.* 'Conqueror' (**1**): Leuchtend rote Blüten mit dunkelroten Adern. Pflanze mit üppigem Wachstum und kräftigem Laub.

– *N.* 'Escarboucle' (**2**): Sie gilt immer noch als die schönste Seerose. Die 14 bis 16 cm großen Blüten in reinem Zinnoberrot schließen sich abends nicht ganz.
– *N.* 'Hollandia' (**4**): Schöne, stark gefüllte Blüten in hellem Rosa, das zur Mitte hin kräftiger wird. Sie können 18 bis 20 cm groß werden. Das üppige Laub kann die Blüten verbergen, wenn die Pflanze in flachem Wasser steht.
– *N.* 'Marliacea Rosea': Die Blüten sind hellrosa, am Ansatz etwas kräftiger. Die Kelchblätter sind dunkler. Die Blüten verwelken recht schnell und werden dabei immer blasser.
– *N.* 'Marliacea Chromatella' (**3**): Schöne, kräftig gelbe Blüten mit einem Durchmesser von 12 bis 14 cm. Die dunkelgrünen Blätter sind mit roten Flecken versehen. Die Pflanze wird leicht von Stängel- und Rhizomfäule befallen.

Gewöhnliche Seekanne

NYMPHOIDES PELTATA

Diese hübsche Pflanze ist ein gleichwertiger Ersatz für die Seerose. Durch das kräftige Wachstum der Triebe breitet sie sich stark aus. Am besten bringt man sie in einem abgetrennten Bereich unter, ansonsten sind kleine Gewässer rasch zugewuchert.

Allgemeine Eigenschaften

Familie: Fieberkleegewächse (Menyanthaceae)
Heimat: Stillgewässer Europas und Asiens.

Kultur

Winterhärte: Die sommergrüne Wasserpflanze reagiert in strengen Wintern empfindlich, treibt im Frühling aber meist zuverlässig wieder aus.
Standort: Sonnig.
Vermehrung: Sie vermehrt sich von selbst durch Ausläufer bildende Rhizome und zahlreiche Samen, die sich im Wasser verteilen.
Pflanzung: In 50 cm oder tieferes Wasser. Pflanzdichte: 6 Pflanzen/m^2.
Substrat: Anspruchslos.
Schädlinge, Krankheiten: Blattläuse und Seerosen-Schädlinge.

Die hell- bis goldgelben Blüten mit an den Rändern bewimperten Blütenblättern erscheinen im Mai–Juni. Die Schwimmblätter haben einen Durchmesser von 6 bis 8 cm. Dank der Ausläuferbildung entwickelt sich die Pflanze unter der Wasseroberfläche rasch.

Goldkeule

ORONTIUM AQUATICUM

Allgemeine Eigenschaften

Familie: Aronstabgewächse (Araceae)
Heimat: Stammt aus dem Nord- und Südosten der Vereinigten Staaten, wo sie an Teichrändern und in Torfmooren wächst.

Kultur

Winterhärte: Überdauert nur in milden Wintern; in raueren Lagen oder kontinental beeinflussten Gebieten sollten Sie die Pflanze entweder mit Winterschutz versehen oder im Container tiefer stellen.
Standort: Sonnig.
Vermehrung: Durch Teilung oder Aussaat. Die Samen keimen sofort, wenn sie mit Wasser in Berührung kommen.
Pflanzung: Von der Sumpfzone bis in 30 bis 40 cm tiefes Wasser. Blüten und Blätter kommen jedoch in einer Wassertiefe von 5 bis 10 cm am besten zur Geltung. In tieferem Wasser schwimmen die Blätter auf der Oberfläche. Pflanzdichte: 6 bis 8 Pflanzen/m^2.
Substrat: Auf Grund des kräftigen Wurzelsystems schätzt sie einen lockeren, tiefgründigen und nährstoffreichen Boden.
Schädlinge: Spitzhornschnecken lieben die jungen Blätter.

Die außergewöhnlichen, leuchtend gelben Blütenkolben, die jeweils von einem langen, weißen Stiel getragen werden, machen die Pflanze zu einem wahren Blickfang. Die Goldkeule verträgt allerdings die Konkurrenz anderer Pflanzen kaum.

Die Blütezeit von April bis Juni ist sehr früh. Anschließend bieten die heranreifenden Fruchtkolben einen hübschen Anblick. Die länglichen, auf der Oberseite samtig-grünen und auf der Unterseite silbriggrünen Blätter bilden einen schönen Horst, der aus dem flachen Wasser 30 bis 40 cm herausragt.

Gewöhnliches Schilf

PHRAGMITES AUSTRALIS

Phragmites australis eignet sich ausgezeichnet zur Wasserreinigung, zur Uferbefestigung und zur Schaffung von Laichzonen. Für den Garten empfehlen wir die panaschierte Sorte 'Variegatus' mit gelb leuchtenden Blättern, die weniger wüchsig ist als die Art.

Allgemeine Eigenschaften

Familie: Süßgräser oder Echte Gräser (Poaceae)
Weiterer Name: Rohr, Schilfrohr.
Heimat: Die in Europa heimische und weltweit verbreitete Großstaude bildet zusammen mit *Iris pseudacorus, Carex riparia* und *Schoenoplectus lacustris* den Hauptbewuchs in Schilfgürteln. Ihr Lebensraum ist sehr variabel, und man trifft sie nicht selten in relativ trockenen Zonen an. Sie verträgt auch Brackwasser gut.
Beschreibung: Die Art wird über 2,5 m hoch. Das Rhizom ähnelt dem eines stark Ausläufer treibenden Bambus. Die panaschierte Sorte *Phragmites australis* 'Variegatus' (Foto oben rechts) schmückt sich mit kräftig gelb gestreiften Blättern. Im August erscheinen große braunviolette Blütenrispen, die ausgereift verblassen.

Kultur

Winterhärte: Völlig winterhart.
Standort: Sonnig.
Vermehrung: Aussaat und Rhizomteilung.
Pflanzung: Sumpfstaude für feuchten bis nassen Boden sowie den Flachwasserbereich (20 bis 40 cm). Pflanzdichte: 4 Pflanzen/m^2.
Substrat: Keine besonderen Ansprüche.
Schädlinge, Krankheiten: Die panaschierte Form kann empfindlich gegenüber Blattläusen sein.

Seine robusten Stängel werden in machen Gegenden noch für Schilfzäune und Reetdächer geerntet.

Wassersalat

PISTIA STRATIOTES

Allgemeine Eigenschaften

Familie: Aronstabgewächse (Araceae)
Weiterer Name: Muschelblume
Heimat: Die exotische Pflanze ist in Gewässern der Tropen und Subtropen zu Hause.
Beschreibung: Die Schwimmpflanze ist zwischen 10 bis 20 cm breit und hoch. Ihre graugrünen, dicken, samtigen Blätter bilden Rosetten, die wie Salatköpfe aussehen. Das stark entwickelte Wurzelsystem absorbiert die Nährstoffe direkt aus dem Wasser, weshalb die Pflanze klärend wirkt. Die unscheinbaren Blüten haben keinen Zierwert.

Es ist schwierig, den Wassersalat zu überwintern. Einfacher ist es, jedes Jahr im Mai neue Pflanzen zu kaufen. Im Herbst können Sie ihn herausfischen und ihn unter Ihren Kompost mischen.

Kultur

Winterhärte: In unseren Breiten nicht winterhart; entweder im Haus (Aquarium) überwintern oder jedes Jahr aus dem Gartencenter nachkaufen.
Standort: Vollsonnig.
Vermehrung: Die Pflanze löst sich im Herbst in viele kleine Tochterpflanzen auf.
Pflanzung: Einfach auf die Wasseroberfläche setzen.
Substrat: Warmes, ruhiges, nährstoffreiches Wasser.
Schädlinge, Krankheiten: Kühles Wassers fördert Pilzkrankheiten, ansonsten ist *Pistia* wenig empfindlich.

Wasser-Knöterich

PERSICARIA AMPHIBIA

Ein ausgezeichneter Bodendecker, der auch in regelmäßig überfluteten Bereichen wächst. Dank seiner großen Anpassungsfähigkeit kann die Schwimmblattpflanze auch in trockenen Bereichen stehen.

Allgemeine Eigenschaften

Familie: Knöterichgewächse (Polygonaceae)
Synonym: *Polygonum amphibium*
Heimat: Nördliche Hemisphäre (Asien, Amerika, Europa). Wächst im Wasser wie auch auf feuchtem Gelände.
Beschreibung: Kräftige Staude mit kriechenden, Wurzeln bildenden Trieben. Die elliptischen Blätter haben je nach Lebensraum eine unterschiedliche Form: Im Wasser bilden sich glatte, an der Basis gefaltete Schwimmblätter mit langen Blattstielen, während die Landform flaumige, am Ansatz abgerundete Blätter mit kurzem Stiel aufweist. Die blassrosa Blüten in kompakten Scheinähren sind sehr dekorativ, zudem ist der Wasser-Knöterich sehr blühfreudig.

Kultur

Winterhärte: Völlig winterhart.
Standort: Wächst überall, ist auch im Schatten ein guter Bodendecker.
Vermehrung: Gelingt leicht über Ableger und Teilung der Wurzelballen.
Pflanzung: Vom feuchten Gelände bis in 40 cm Wassertiefe. Pflanzdichte: 8 bis 10 Pflanzen/m^2.
Substrat: Ein nährstoffreiches Substrat wird bevorzugt, ansonsten bestehen keine besonderen Ansprüche.
Schädlinge, Krankheiten: Die robuste Pflanze ist wenig empfindlich.

Herzförmiges Hechtkraut

PONTEDERIA CORDATA

Allgemeine Eigenschaften

Familie: Hechtkrautgewächse (Pontederiaceae)
Heimat: Die Art stammt aus dem Osten Nordamerikas, wo sie in flachen Gewässern lebt.
Beschreibung: Schöne, kräftige Pflanze mit leuchtend grünem Laub, 60 bis 80 cm hoch. Das kräftige Rhizom bringt fleischige Triebe hervor, an deren Ende sich mehr oder weniger längliche, herzförmige Blätter entwickeln. Die blauen Blüten stehen in dichten, 6 bis 8 cm langen Ähren; sie erscheinen von Mai bis September. Es gibt auch eine weiß blühende Sorte 'Alba', die jedoch weniger kräftig ist. *Pontederia lanceolata* wird etwa 150 cm hoch und ist mit den lanzettlichen Blättern ebenfalls sehr dekorativ.

Ein Klassiker des Wassergartens, der leicht zu kultivieren ist und gut zur Gelben Gauklerblume (*Mimulus luteus*) passt. Hechtkraut im Container sollte regelmäßig umgetopft werden, da er nur im frischen, nährstoffreichen Substrat gut wächst.

Kultur

Winterhärte: Gilt als wenig winterhart, kann aber kurzfristig Temperaturen bis –20 °C aushalten. Besser ist es, die Pflanze im Topf oder Korb im Winter auf 60 cm Tiefe abzusenken bzw. im Haus oder Kasten zu überwintern.
Standort: Sonnig, verträgt auch Halbschatten.
Vermehrung: Horstteilung und Aussaat.
Pflanzung: Bevorzugt flaches bis mitteltiefes Wasser (5 bis 30 cm). Pflanzdichte: 6 Pflanzen/m^2.
Substrat: Nährstoffreiches Substrat und in jedem Frühjahr eine Düngergabe.
Schädlinge, Krankheiten: Spinnmilben, Blattläuse.

Laichkraut

POTAMOGETON

Diese Pflanzen spielen eine wichtige Rolle für das Gleichgewicht des Teiches. Sie spenden Sauerstoff und bieten den Fischen Nahrung und Schutz. Leider vertragen ihre Unterwasserblätter, die keine Kutikula haben, einen Aufenthalt außerhalb des Wassers sehr schlecht, was Transport und Handel erschwert.

Allgemeine Eigenschaften

Familie: Laichkrautgewächse (Potamogetonaceae)
Heimat: Kosmopolit in stehenden und fließenden Gewässern.
Beschreibung: Aus den dünnen, kriechenden Rhizomen entwickeln sich lange beblätterte Triebe. Die Form der Blätter ist je nach Art verschieden und auch von Tiefe und Bewegung des Wassers abhängig.
Schwimmendes Laichkraut (*Potamogeton natans*, **1**): Die ovalen Schwimmblätter haben lange Blattstiele und einen dicken, rötlichgrünen Rand. Die ährenförmigen Blüten erheben sich über die Wasseroberfläche. Stehendes, 20 bis 80 cm tiefes Wasser. Wuchert.
Krauses Laichkraut (*P. crispus*, **2**): Interessant gewellte Unterwasserblätter, wechselständig angeordnet. Für stehendes oder langsam fließendes Wasser mit einer Tiefe von 20 bis 60 cm. Winterknospen.
Glänzendes Laichkraut (*P. lucens*, **3**): Große, lanzettliche Unterwasserblätter, 15 bis 20 cm lang und 4 cm breit. Blütenähren über der Wasseroberfläche. Für tiefes, ruhiges Wasser (80 bis 150 cm).

1

Kultur

Winterhärte: Alle Laichkraut-Arten sind winterhart.
Standort: Sonne oder Halbschatten.
Vermehrung: Horstteilung.
Pflanzung: Wassertiefe siehe Artbeschreibungen. Pflanzdichte: 1 bis 5 Pflanzen/m².
Substrat: Bevorzugt schlammiges, mäßig nährstoffreiches Substrat und nährstoffreiches Wasser.
Schädlinge, Krankheiten: *Potamogeton natans* ist empfindlich gegenüber Blattläusen.

2

3

Gewöhnlicher Wasser-Hahnenfuß

RANUNCULUS AQUATILIS

Allgemeine Eigenschaften

Familie: Hahnenfußgewächse (Ranunculaceae)
Weitere Namen: Flutender Wasser-Hahnenfuß, Froschkraut
Heimat: Man trifft ihn natürlicherweise in flachen bis mitteltiefen Gewässern in den gemäßigten bis kalten Gegenden der Nordhalbkugel an.
Beschreibung: Vielgestaltige Wasserstaude mit kleinen weißen Blüten, die im Mai–Juni an der Wasseroberfläche erscheinen. Die Unterwasserblätter sind in feine Bänder zerteilt, während die recht kleinen, nierenförmigen Schwimmblätter mehr oder weniger deutlich gelappt sind. Die Horste können sehr dicht sein.

Zwei weitere einheimische Hahnenfuß-Arten mit goldgelben Blüten können ebenfalls in den Wassergarten gesetzt werden: Der Brennende Hahnenfuß (*Ranunculus flammula,* 15 bis 40 cm hoch) an den Uferrand oder in bis 10 cm tiefes Wasser; außerdem der Zungen-Hahnenfuß (*R. lingua,* 60 bis 100 cm hoch mit meist umkippenden Stängeln) für 20 bis 40 cm tiefes Wasser. Die Pflanze ist allerdings giftig.

Die Blätter dieses zierlichen kleinen Hahnenfußes, der auch unter dem Namen Froschkraut bekannt ist, passen ihre Form dem schwankenden Wasserstand an. Die Unterwasserblätter setzen Sauerstoff frei.

Kultur

Winterhärte: Völlig winterhart.
Standort: Bevorzugt sonnige Standorte.
Vermehrung: Horstteilung.
Pflanzung: In feuchten Boden bis 60 cm Wasserstand, in stehenden oder leicht fließenden Gewässern. Auch Brackwasser wird gut vertragen.
Pflanzdichte: 1 bis 5 Pflanzen/m².
Substrat: Nährstoffreiches, etwas kalkhaltiges Substrat fördert das Anwachsen.
Schädlinge, Krankheiten: Im Sommer können Blattläuse auf den Schwimmblättern erscheinen.

Pfeilkraut

SAGITTARIA LANCIFOLIA, S. SAGITTIFOLIA

Die Knollen aller Pfeilkraut-Arten sind regelrechte Leckerbissen für Enten. *S. lancifolia* ist für den Zierteich sehr zu empfehlen, während *S. sagittifolia* aufgrund seiner Wüchsigkeit nur in größeren Anlagen zum Einsatz kommen sollte.

Allgemeine Eigenschaften

Familie: Froschlöffelgewächse (Alismataceae)
Heimat: *S. sagittifolia* ist eine in Europa heimische Staude, die im flachen Wasser von Flüssen und Seen wächst. *S. lancifolia* kommt sowohl auf dem amerikanischen als auch dem indischen Kontinent vor.
Beschreibung: Typisch für die erste Art sind die pfeilförmigen Blätter, die sich über die Wasseroberfläche erheben. Daneben bildet die Pflanze bandförmige Unterwasserblätter und ovale Schwimmblätter aus. Der knollenförmige Wurzelstock wird gerne von Enten verspeist. Die weißen Blüten stehen in Quirlen an den Blattstielen. *S. lancifolia* fällt durch die breiten, pfeilförmigen Blätter ins Auge und kann bis 100 cm hoch werden.

Kultur

Winterhärte: *S. sagittifolia* überwintert in 15 bis 30 cm tiefem Wasser problemlos. *S. lancifolia* braucht im Winter eine schützende Laubdecke.
Standort: Sonnig.
Vermehrung: Jede Pflanze bildet kleine nussförmige Überdauerungsorgane (Turionen). Man braucht sie im März–April nur aus dem Schlamm auszugraben und erneut einzupflanzen.
Pflanzung: *S. lancifolia* in 5 bis 30 cm tiefes Wasser, *S. sagittifolia* 20 bis 50 cm tief. Pflanzdichte: 6 bis 8 Pflanzen/m^2.
Substrat: Nährstoffreicher Boden.
Schädlinge, Krankheiten: Sehr empfindlich gegenüber Blattläusen.

Gewöhnlicher Schwimmfarn

SALVINIA NATANS

Allgemeine Eigenschaften

Familie: Schwimmfarngewächse (Salviniaceae)
Heimat: Sehr verbreitet im tropischen Afrika und Asien, kommt der Wasser bewohnende Farn auch in Südeuropa natürlicherweise vor.
Beschreibung: Die wurzellose Schwimmpflanze bildet 10 bis 15 cm lange Triebe, an denen paarig angeordnet längliche, hell- bis bläulichgrüne Blätter sitzen. Diese liegen flach der Wasseroberfläche auf, während die wurzelartigen Wedel untergetaucht sind. Die Blüte ist unscheinbar.

Die Schwimmpflanze vermehrt sich rasch. Deshalb sollten die Bestände, besonders bei kleinen Wasserbecken oder Teichen, regelmäßig ausgedünnt werden.

Kultur

Winterhärte: In warmen Gegenden überdauern Sporen am Gewässergrund und tauchen im Frühjahr zur Keimung wieder auf. Bei uns ist es sicherer, die Pflanze frostfrei zu überwintern (optimal sind etwa 10 °C). Dafür setzt man sie in eine flache Schale mit sandig-lehmigem Substrat. Wenn man sich die Mühe sparen will, kann man sie im Frühjahr im Gartencenter nachkaufen.
Standort: Vollsonnig, warm.
Vermehrung: Im Frühjahr teilen oder Sporen in einem mit Wasser gefüllten Gefäß überwintern.
Pflanzung: In den Flachwasserbereich (20–40 cm) oder die Schwimmblattzone (50 cm und tiefer) von Teichen und Wasserbecken setzen. Pflanzdichte: 5 bis 8 Pflanzen/m^2.
Substrat: Nährstoffreiches Wasser.
Schädlinge, Krankheiten: Keine.

Gewöhnliche Teichsimse

SCHOENOPLECTUS LACUSTRIS

Die Halme werden industriell für Möbelbespannungen oder zum Flechten von Stuhlsitzen verwendet. Heute wird die Teichsimse zusammen mit Schilf hauptsächlich wegen ihrer Wasser reinigenden Wirkung eingesetzt.

Allgemeine Eigenschaften

Familie: Ried- oder Sauergräser (Cyperaceae)
Synonym: *Scirpus lacustris*
Weiterer Name: Seebinse
Heimat: Die Art wächst in Europa und Asien an den Ufern von Seen und langsam fließenden Flüssen, wo sie zusammen mit Schilf große Kolonien in unterschiedlich tiefem Wasser bildet. Sie spielt eine wichtige Rolle bei der Uferbefestigung und Wasserreinigung.
Beschreibung: Große Pflanze mit zylindrischen, weichen, glänzend grünen, blattlosen Halmen, die 1 bis 2 cm dick und bis zu 2,5 m hoch werden können. Im Juni erscheinen rötlich-braune Blütenrispen. Die Sorte 'Albescens' (Foto links) ist mit ihren gelbgrün gestreiften Halmen im Wassergarten ebenfalls sehr dekorativ. Eine Bereicherung ist auch die bis 1,2 m hohe *S. tabernaemontani* 'Zebrinus' mit quer weißgelb gestreiften Halmen (Foto unten).

Kultur

Winterhärte: Zuverlässig winterhart.
Standort: Vorzugsweise sonnig.
Vermehrung: Rhizomteilung.
Pflanzung: Vom sumpfigen Ufer bis in etwa 50 cm Wassertiefe. Pflanzdichte: 4 bis 6 Pflanzen/m^2.
Substrat: Bevorzugt nährstoffreichen Schlammboden.
Schädlinge, Krankheiten: Unempfindlich.

Igelkolben

SPARGANIUM

Allgemeine Eigenschaften

Familie: Igelkolbengewächse (Sparganiaceae)
Heimat: Igelkolben sind in Europa heimisch und kommen weltweit in gemäßigten Klimazonen vor.
Beschreibung: Im Juni–Juli erscheinen grünlich-weiße Blüten, denen die charakteristischen Samenstände folgen. Die schmalen Blätter ragen aufrecht in die Höhe. Der Einfache Igelkolben (*Sparganium emersum*, 30 bis 50 cm hoch) blüht an unverzweigten Stielen, der Ästige Igelkolben (*S. erectum*, 100 bis 150 cm hoch) bildet auch an den Seitentrieben Blüten. Der Zwerg-Igelkolben (*S. natans*) bleibt mit 10 bis 30 cm deutlich kleiner.

Igelkolben verdanken ihren Namen den kugeligen, stacheligen Fruchtköpfen, die wie zusammengerollte Igel aussehen.

Kultur

Winterhärte: Vollkommen winterhart.
Standort: Sonnig bis halbschattig.
Vermehrung: Teilung des Wurzelstocks oder Aussaat.
Pflanzung: *S. emersum* und *S. erectum* gehören aufgrund der Ausläuferbildung in größere Gewässer. *S. emersum* bevorzugt den Ufer- und Flachwasserbereich von 20 bis 30 cm Tiefe, *S. erectum* gedeiht auch in tieferem Wasser (über 50 cm). *S. natans* bevorzugt Moorböden, wächst auch im flachen Wasser oder als Landform. Pflanzdichte: 3 Pflanzen/m^2.
Substrat: Nährstoffreich, moorig.
Schädlinge, Krankheiten: Unempfindlich.

Krebsschere

STRATIOTES ALOIDES

Ein ausgezeichneter Sauerstofflieferant, der noch dazu sehr dekorativ ist. Um die Bestäubung zu ermöglichen, steigt die Krebsschere während der Blütezeit mit den Blüten über die Wasseroberfläche.

Allgemeine Eigenschaften

Familie: Froschbissgewächse (Hydrocharitaceae)
Weitere Namen: Wasseraloe, Wassersäge
Heimat: Europa und Asien; leider vom Aussterben bedroht.
Beschreibung: Im Winter sinkt die Rosette in 30 bis 150 cm Wassertiefe ab und überwintert auf dem Boden. Im Frühjahr taucht sie wieder auf und schwimmt auf dem Wasser. Die steifen, schwertförmigen, bräunlich-grünen Blätter sind an den Rändern gezähnt. Sie bilden Rosetten, von denen einige sehr lange Wurzeln ausgehen, die sich auf dem Gewässergrund verankern. Ab Mai–Juni schmückt sie sich mit weißen Blüten, die denen vom Froschbiss ähneln, jedoch größer sind.

Im Frühling steigen die Pflanzen auf und schwimmen halb untergetaucht an der Wasseroberfläche. Dann erscheinen einige Zentimeter über dem Wasserspiegel weiße Blüten mit jeweils drei Blütenblättern. Eine ausgewachsene Pflanzenrosette kann einen Durchmesser von 50 bis 60 cm erreichen.

Kultur

Winterhärte: Die Pflanze übersteht Kälte aufgrund ihrer Überwinterungs-Strategie gut.
Standort: Sonnig.
Vermehrung: Im Frühjahr trennt man die Jungpflanzen ab, die sich rings um die Mutterpflanze an Ausläufern gebildet haben.
Pflanzung: Es genügt, die Pflanze einfach in das Wasser zu setzen, wo sie sich mit einigen Wurzeln im Boden verankert. Wasserstand 50 cm oder mehr.
Substrat: Nährstoffreicher Schlamm, kein alkalischer Boden. Sie verträgt Wasserverschmutzung schlecht.
Schädlinge, Krankheiten: Spitzhornschnecken lieben die Jungpflanzen.

Gewöhnliche Wassernuss

TRAPA NATANS

Allgemeine Eigenschaften

Familie: Wassernussgewächse (Trapaceae)
Heimat: Die gemäßigten Zonen Europas.
Beschreibung: Diese einjährige Schwimmblattpflanze bildet 2 bis 5 cm hohe Rosetten von 20 cm Durchmesser, die sich im Herbst rot färben. Ihre rautenförmigen Schwimm- oder Unterwasserblätter haben verdickte, aufgeblasene Stiele, die als Schwimmkörper dienen. Die weißen Blüten werden zu einer Steinfrucht (»Nuss«) mit vier dunkelbraunen, stacheligen Spitzen, die im Winter auf den Gewässergrund absinkt. Nach der Keimung im Schlamm entwickelt sich ein Wurzel bildender Trieb. Bei Erscheinen des ersten Blattes steigen die Pflänzchen an die Oberfläche, bleiben aber im Boden verwurzelt.

Vom Spätsommer an nehmen die rautenförmigen Blätter einen schönen roten Farbton an. Die Früchte werden gegessen wie Esskastanien. Ihr leicht salziges, mehliges Fruchtfleisch hat einen köstlichen Geschmack. Die Pflanze steht unter Naturschutz.

Kultur

Winterhärte: Die Art ist einjährig. In Südeuropa vermehrt sie sich spontan, im Kontinentalklima bilden die Pflanzen keine Früchte.
Standort: Die Wassernuss wächst in stehenden und schwach fließenden Gewässern; sie kommt mit jedem Standort zurecht.
Vermehrung: Über die Keimung der Früchte.
Pflanzung: Es genügt, sie auf die Wasseroberfläche zu setzen.
Substrat: Nährstoffreiches, aber kalkfreies Wasser.
Schädlinge, Krankheiten: Unempfindlich.

Oben: Ein Blick von unten auf die eigenartigen Früchte mit den vier zipfeligen Spitzen.

Links: Eine schwimmende Wassernuss-Kolonie.

Rohrkolben

TYPHA ANGUSTIFOLIA, T. LATIFOLIA

Die wüchsigen Pflanzen sind sehr verbreitet und wachsen an See- und Teichufern. Sie sind großen Wasserflächen vorbehalten. Für kleinere Gewässer empfiehlt sich der Zwerg-Rohrkolben (*Typha minima*, siehe rechte Seite). Er besitzt schmale Blätter und kugelige braune Fruchtkolben.

Allgemeine Eigenschaften

Familie: Rohrkolbengewächse (Typhaceae)
Heimat: Gemäßigte und warme Bereiche der Nordhalbkugel, dort an Teichrändern und in Feuchtgebieten verbreitet.
Beschreibung: Stark Ausläufer bildende Pflanzen mit kräftigem Rhizom, je nach Art 2 bis 2,5 m hoch. Die Blätter sind graugrün; bei *Typha latifolia* 3 bis 4 cm breit, bei *T. angustifolia* schmaler (1,5 bis 2 cm) und dunkler. Die Fruchtkolben von *T. latifolia* sind schwarzbraun, die von *T. angustifolia* graubraun. Blütezeit ist August.

Kultur

Winterhärte: Beide Arten sind vollkommen winterhart.
Standort: Sonnige Lagen.

Vermehrung: Rhizomteilung und Aussaat.
Pflanzung: Vom sumpfigen Bereich bis zur Flachwasserzone von 20 bis 30 cm (*T. latifolia*) oder Schwimmblattzone von 40 bis 60 cm Wassertiefe (*T. angustifolia*).
Substrat: Nährstoffreicher, schlammiger Boden.
Schädlinge, Krankheiten: Empfindlich gegenüber Blattläusen.

Typha latifolia, der Breitblättrige Rohrkolben.

Zwerg-Rohrkolben

TYPHA MINIMA

Allgemeine Eigenschaften

Familie: Rohrkolbengewächse (Typhaceae)
Heimat: Der zierlichste aller Rohrkolben ist in Europa heimisch, wird dort aber immer seltener. Er lebt an Teichrändern in flachem Wasser und in Sumpfzonen.
Beschreibung: Ausläufer bildende Pflanze von 50 bis 60 cm Höhe mit dünnem Rhizom und aufrecht stehenden, fadenförmigen Blättern. Die Fruchtkolben sind braun, kugelig und haben einen Durchmesser von 2 bis 4 cm. Sie erscheinen ab Mai.

Eine ideale Pflanze, wenn es darum geht, ein kleines Wasserbecken zu begrünen. Falls nötig, sehen Sie eine Wurzelbarriere vor, um die Ausbreitung der Pflanze zu verhindern.

Kultur

Winterhärte: Im Container fürchtet er strenge Winter, er sollte dann besser entnommen und frostfrei überwintert werden.
Standort: Fühlt sich an sonnigen und halbschattigen Standorten wohl.
Vermehrung: Die einfachste Methode ist die Rhizomteilung; die Aussaat ist schwierig.
Pflanzung: In die Sumpfzone oder im Wasserbecken in 10 bis 20 cm tiefes Wasser. Pflanzdichte: 6 bis 10 Pflanzen/m^2.
Substrat: Nährstoffreicher Boden.
Schädlinge, Krankheiten: Empfindlich gegenüber Blattläusen.

Pflanzenporträts Uferpflanzen

Im folgenden Kapitel haben wir einige Pflanzen für das Ufer und den Teichrand ausgewählt, die nicht zu den Wasserpflanzen gehören. Sie brauchen aber ein sehr feuchtes Substrat, um zu gedeihen. Zum Beispiel haben *Primula vialii, Carex elata* und *Osmunda regalis* die »Füße« gern im Wasser. Diese Uferpflanzen ergänzen Wassergärten durch ihre auffällige Gestalt, die Schönheit ihrer Blüte oder ihr prachtvolles Laub wirkungsvoll.

Blumenrohr

CANNA INDICA

Familie: Blumenrohrgewächse (Cannaceae)
Diese Pflanze ist zwar von kräftigem Wuchs, aber kälteempfindlich. Mit ihrer üppigen Blüte bringt sie einen Hauch Exotik an den Rand des Teiches. Sie stammt aus feuchten, sumpfigen Zonen des amerikanischen Kontinents mit tropischem bis subtropischem Klima. Die Rhizom bildende Staude wird 1,5 bis 2 m hoch. Ihre leuchtend roten Blüten sitzen in Trauben und erscheinen ab Juli.
Kultur: Wählen Sie im Freiland einen feuchten, aber nicht nassen Standort mit humusreichem Boden und ausreichend Sonne. Im Container können Sie die Pflanzen im Sommer auch in Ihren Teich in ein paar Zentimeter Wasser setzen. Die Vermehrung erfolgt durch Teilung der Rhizome und über Aussaat. Im Freiland ist sie nicht winterhart. Nehmen Sie deshalb die Überdauerungsorgane aus der Erde und lagern Sie sie frostfrei in erdfeuchtem Substrat.

Steife Segge

CAREX ELATA

Familie: Ried- oder Sauergräser (Cyperaceae)
Dieses mehrjährige Gras, auch Streif-Segge genannt, stammt aus gemäßigten bis kalten Zonen und bildet am Wasserrand kräftige, dichte Bulte. Bei *Carex elata* 'Aurea' leuchtet das gelb und grün gestreifte Laub das ganze Jahr über. Im Frühjahr erscheinen gelbbraune Ähren.
Kultur: Die winterharte Pflanze wächst ebenso gut an Ufern wie in feuchten Bereichen und sogar in Zonen mit einigen Zentimetern Wasserstand. Man vermehrt sie durch Teilung der Horste. Gepflanzt wird in einen schlammigen bis lehmigen Boden im Halbschatten oder in der Sonne. Bei *C. elata* 'Aurea' wird das golden schimmernde Laub vom Licht besonders hervorgehoben.

Unten: *Carex elata* 'Aurea' bringt vor dem Hintergrund eines Schildblatts Licht in dunkle Ecken.

Schildblatt

DARMERA PELTATA

Oben: Rechts ein Schildblatt, davor auf dem Wasser treibende Krebsscheren und links ein Königsfarn.

Familie: Steinbrechgewächse (Saxifragaceae)
Die schöne Staude kommt am Beckenrand besonders gut zur Geltung. Dort kann sie, falls nicht genügend Platz vorhanden ist, das Mammutblatt (*Gunnera*) ersetzen. Die Staude kommt an Bachufern in mittleren Höhenlagen der westlichen USA natürlich vor. Wenn der Herbst naht, färben sich ihre großen schildförmigen Blätter kupferfarben. Die doldenartigen Blütenstände in zartem Perlmuttrosa erscheinen sehr früh im April–Mai. Das fleischige Rhizom entwickelt sich an der Bodenoberfläche – doch Achtung, im Boden lebende Käferlarven haben es zum Fressen gern!
Kultur: Schwierig anzusiedeln. Das Schildblatt ist dank seines verzweigten Rhizoms ein wirkungsvoller, gut winterharter Bodendecker. Es wächst in feuchten und auch kühlen Bereichen, die aber nicht staunass sein dürfen. Es mag nährstoffreiche, tiefgründige, leicht saure Böden. Vermehrt wird es durch Rhizomteilung.

Sumpf-Storchschnabel

GERANIUM PALUSTRE

Familie: Storchschnabelgewächse (Geraniaceae)
Diese auf Moor- und Feuchtwiesen Nordeuropas heimische Staude eignet sich hervorragend für Beete oder als Bodendecker. Ihre violettroten Blüten erscheinen ab Juni. Auf feuchtem Boden gedeihen unter anderem auch der Wald-Storchschnabel (*G. sylvaticum*), der Amerikanische Storchschnabel (*G. maculatum*) oder der Braune Storchschnabel (*G. phaeum*) gut.
Kultur: Die Staude wird durch Aussaat oder Teilung des Wurzelstocks vermehrt. Gepflanzt wird in Feuchtigkeit speichernde, aber nicht staunasse, nährstoffreiche Erde in voller Sonne oder im Halbschatten.

Mammutblatt

GUNNERA MANICATA

Familie: Mammutblattgewächse (Gunneraceae)

Die Blätter dieser imposanten Staude gehören zu den größten der Pflanzenwelt. Die Horste können bis 2 m hoch werden.

Kultur: Da das Mammutblatt nur bedingt winterhart ist (bis –5 °C), empfiehlt es sich, die Blätter im Winter abzuschneiden und die Knospen damit abzudecken. Junge Pflanzen sollten zusätzlich mit einer Schicht Laub und Rindenmulch geschützt werden. Die Pflanze braucht ausreichend Platz (mindestens 3 m im Durchmesser) und wächst in der Sonne wie im Halbschatten auf stets feuchtem, aber nicht nassem Boden. Je feuchter es ist, desto sonniger kann sie stehen. Der Boden muss Feuchtigkeit speichern, sollte aber trotzdem gut durchlässig und auf jeden Fall humos und nährstoffreich sein. Bitte keinen frischen Mist einarbeiten! Das Mammutblatt wird durch Teilung der Horste oder Abtrennen der Schösslinge vermehrt; die Aussaat gestaltet sich schwieriger. Im naturnahen Garten sollten Sie einen Schutz gegen Bisamratten vorsehen, die große Schäden anrichten können.

Das auch Riesenrhabarber genannte Mammutblatt stammt aus den tropischen Wäldern Brasiliens. Seine Blätter, die über drei Meter Durchmesser haben können, tragen im Jugendstadium ein Waffelmuster. Die winzigen Blüten sitzen in einem großen Blütenstand zusammen, der wie ein Tannenzapfen in die Höhe ragt.

Taglilie

HEMEROCALLIS

Familie: Tagliliengewächse (Hemerocallidaceae)

Von der dekorativen Blütenstaude, die sich gern in Teichnähe aufhält, gibt es zahlreiche Arten und Sorten. Mit den schmalen, überhängenden Blättern bildet sie einen dichten Horst. Die nach Maiglöckchen duftende Zitronen-Taglilie (*H. citrina*) blüht in zartem Gelb, während man bei den Hybriden Farbnuancen von Gelb, Orange, Apricot, Rosa bis zu Rot auswählen kann. Sie werden je nach Sorte 40 bis 120 cm hoch und blühen von Juni bis September.

Die Einzelblüten der Taglilien halten nur einen Tag.

Kultur: Die Pflanze gedeiht am besten, wenn sie ungestört an einem sonnigen bis halbschattigen, warmen Platz mit nährstoffreichem, mäßig feuchtem bis feuchtem Boden steht. Sie braucht nicht viel Pflege, ist aber für eine gelegentliche Düngergabe dankbar. Der Wurzelstock kann zu Frühlingsbeginn geteilt werden.

Japanische Sumpf-Schwertlilie

IRIS ENSATA

Familie: Schwertliliengewächse (Iridaceae)
Iris ensata (Syn. *I. kaempferi*) stammt aus Ostasien, wo sie in Sümpfen und auf Feuchtwiesen wächst, die in der Regenzeit überschwemmt sind. Schon seit über 100 Jahren ist sie in japanischen Gärten zu bewundern und noch heute ein Klassiker unserer Gärten. Die schmalen Blätter werden 80 cm lang. Die purpurvioletten Blüten sind je nach Sorte 6 bis 12 cm groß und erscheinen im Juni. Neben der Art gibt es zahlreiche Sorten, darunter die wunderschöne 'Rose Queen' (Foto rechts) wie auch die weiß blühende 'Alba'.
Kultur: Die Japanische Sumpf-Schwertlilie wird in nährstoffreiche, torfhaltige, saure Böden an feuchte bis nasse Ufer gepflanzt. Die Sumpfpflanze kann in der Vegetationszeit in flachem Wasser stehen, im Herbst und Winter jedoch nicht. Dann ist sie besonders kälteempfindlich. Am besten pflanzt man sie in Körbe und setzt sie nach der Blütezeit in trockeneren Boden um. Sie mag sonnige bis halbschattige Standorte.

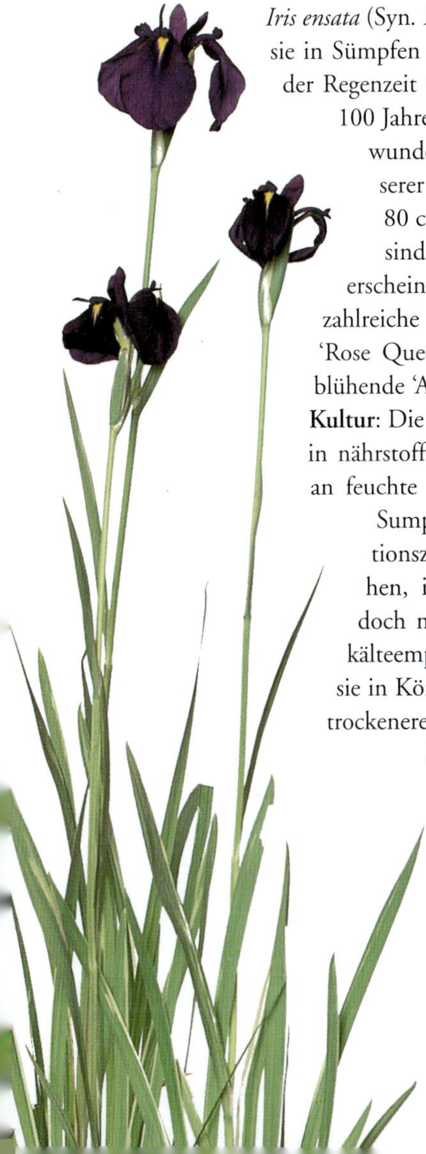

Iris ensata 'Variegata'

Iris ensata 'Rose Queen'

Kreuzkraut

LIGULARIA

Familie: Korbblütler (Asteraceae)
Ein echter Klassiker mit bemerkenswertem Blattschmuck für feuchte, schattige Beete. Die meisten Kreuzkraut-Arten, auch als Greiskraut bekannt, stammen aus Asien und können über 1 m hoch werden. Die Blätter erreichen Durchmesser von 20 bis 40 cm. Von Juli bis August erscheinen die großen, je nach Art gelben bis orangegelben Blütenstände (Rispen, Kerzen oder Kolben).

Kultur: Unempfindlich und von kräftigem Wachstum, bilden die Stauden rasch große Büsche. Sie lieben nährstoffreiche, tiefgründige, feuchte (jedoch nicht nasse) Böden in schattiger Lage. Die Teilung der Horste ist einfach. Wir raten, die verwelkten Blüten zu entfernen.

Oben: *Ligularia przewalskii* mit gezähnten Blättern und ährenförmigem Blütenstand.

Rechts: Das Riesen-Kreuzkraut (*Ligularia* × *hessei*) mit den gelben Blütendolden ist eine Hybride von *L. dentata*.

Lobelie

LOBELIA CARDINALIS, L. SIPHILITICA

Familie: Glockenblumengewächse (Campanulaceae)
Die hübschen, erst ab Juli–August erscheinenden Blüten sind ein wahrer Blickfang. Die aufrechten Stängel tragen bei der aus den USA stammenden Kardinals-Lobelie (*L. cardinalis*) dunkelgrüne Blätter und leuchtend rote Blüten; bei der Blauen Kardinals-Lobelie (*L. siphilitica*) sind die Blätter hellgrün und die Blüten hellblau.
Kultur: Die Stauden sind nicht zuverlässig winterhart und sollten am Ufer mit einer Laubdecke geschützt werden oder im Container in einem frostfreien Raum überwintert werden. Bei uns werden sie meist einjährig kultiviert. Sie stehen gern in feuchtem bis nassem Boden oder in 1 bis 5 cm tiefem Wasser. Dabei bevorzugen sie einen lockeren Boden in sonniger oder halbschattiger Lage.

Lobelia cardinalis

Gilbweiderich-Arten

LYSIMACHIA PUNCTATA, L. NUMMULARIA

Familie: Primelgewächse (Primulaceae)
Diese beiden Pflanzenarten stammen von der Nordhalbkugel und sind vor allem in Europa sehr verbreitet. Sie wachsen an Flussufern und auf Feuchtwiesen. *L. punctata* wird mit seinen aufrechten Stängeln 60 bis 120 cm hoch. Seine kräftig gelben, in Wirteln angeordneten Blüten erscheinen von Juni bis August. *L. nummularia* wächst kriechend, besitzt kleine rundliche Blätter und goldgelbe Blüten. Man kann mit ihm gut die Ränder von Folienteichen oder künstlichen Bachläufen kaschieren.
Kultur: Die Stauden mögen feuchte bis sehr feuchte Böden in sonniger bis schattiger Lage. *L. nummularia* kann sogar im Wasser stehen.

Der Punktierte Gilbweiderich hinter dem Frauenmantel wächst im Unterschied zu seinem Verwandten, dem Pfennig-Gilbweiderich, aufrecht.

Oben: Imposanter Königsfarn, eingerahmt von einer Azalee und *Iris ensata*.

Königsfarn

OSMUNDA REGALIS

Familie: Königsfarngewächse (Osmundaceae)
Dieser majestätische Farn mit dem baumartigen Wuchs, der auf der Erdkugel weit verbreitet ist, wächst in feuchtem Unterholz und an sumpfigen Stellen. Meist wird er in Gruppen gepflanzt, kann aber auch einzeln gesetzt werden, sodass seine Struktur gebende Form voll zur Geltung kommt. Seine hellgrünen Wedel sitzen an langen Blattstielen und können 80 bis 150 cm in die Höhe ragen. Sie nehmen im Herbst eine herrliche rostorangefarbene Tönung an und werden im Winter abgeworfen.
Kultur: Dieser stattliche Farn muss an einem halbschattigen Standort in feuchtem Torf- oder Sandboden stehen, der nicht kalkhaltig sein darf. In sonniger Lage verträgt er es, wenn die Füße im Wasser stehen.

Schlangen-Knöterich

BISTORTA OFFICINALIS SUBSP. OFFICINALIS

Familie: Knöterichgewächse (Polygonaceae)
Die Staude (Syn. *Polygonum bistorta*) stammt aus Eurasien und ist in Bergregionen auf Feuchtwiesen, in Gräben, auf Böschungen und im lichten Unterholz verbreitet. Sie besitzt ein gewundenes Rhizom, woraus sich auch ihr Name ableitet (bistortus = lat. doppelt gedreht). Im Sommer blüht sie üppig mit rosafarbenen Blütenähren, die auf einfachen, 20 bis 80 cm hohen Stängeln sitzen. Die Sorte 'Superba' hat größere Blätter und Blüten als die Art. Der Schlangen-Knöterich ist noch wüchsiger als der Wasser-Knöterich (*Persicaria amphibia*).

Schlangen-Knöterich

Kultur: Die Pflanze liebt nährstoffreiche, feuchte Böden in der vollen Sonne oder im Halbschatten. Die Vermehrung erfolgt durch Stecklinge oder Teilung. Sie bildet oft große Kolonien.

Primel-Arten

PRIMULA JAPONICA, PRIMULA VIALII

Familie: Primelgewächse (Primulaceae)
Primeln sind sehr dekorative Frühjahrsblüher, die im Allgemeinen kühle Bereiche mögen. Wir stellen Ihnen hier leicht zu ziehende Arten vor, die es zwar nicht dulden, ständig mit den Füßen im Wasser zu stehen, vorübergehende Überschwemmungen jedoch gut vertragen. Die Japanische Etagen-Primel (*Primula japonica*) stammt aus Japan, wo man sie, oft in Höhenlagen, am Rand von Wasserläufen antrifft. Ihre 50 cm hohen Blütenstängel tragen etagenförmig angeordnete Quirle mit meist roten, zuweilen rosa Blüten. Die Orchideen-Primel (*Primula vialii*), die ebenfalls aus Asien stammt, wächst in Sumpfzonen. Ihre Blätter sind länglicher als die von *P. japonica*. Die 8 bis 10 cm langen, sehr dekorativen aufrechten Blütenähren in Purpurviolett werden von 30 bis 60 cm langen Stängeln getragen.
Kultur: Reservieren Sie ihnen einen kühlen Standort im Halbschatten. Der Boden muss Feuchtigkeit speichernd, trotzdem durchlässig und nährstoffreich sein. Vermehrt wird über Aussaat oder Teilung. Da *Primula vialii* große Kälte fürchtet, sehen Sie einen großzügigen Winterschutz vor oder überwintern Sie diese Schönheit frostfrei.

Schaublatt

RODGERSIA

Familie: Steinbrechgewächse (Saxifragaceae)
Rodgersien, die auch als Bronzeblatt bekannt sind, zeichnen sich durch die Schönheit ihres Laubes und die Eleganz ihrer Blüten aus. Sie stammen aus feuchten Gegenden Nordasiens. Aus dem gedrungenen Rhizom entwickelt sich eine schöne, etwa 30 cm breite Pflanze. Die über das Laub hinausragenden Blütenschäfte werden 1 m oder höher. Die kleinen weißen, rosa oder gelblichen Blüten, die in fedrigen Rispen zusammenstehen, erscheinen ab Juni. Manche Arten, besonders *R. podophylla*, nehmen eine sehr schöne Herbsttönung an.
Kultur: Die Stauden wachsen relativ langsam und brauchen einen nährstoffreichen, feuchten Boden in einer leicht schattigen Lage.

Wiesenraute

THALICTRUM

Familie: Hahnenfußgewächse (Ranunculaceae)
Die Akeleiblättrige Wiesenraute (*Thalictrum aquilegifolium*) ist in Europa heimisch und bis nach Sibirien und Japan verbreitet. Sie wird bis stattliche 120 cm hoch und blüht im Juni–Juli mit lila bis purpurfarbenen, fedrigen Rispen. Ihre dreilappigen Blättern erinnern an die Akelei. Die Chinesische Wiesenraute (*T. dipterocarpum*) mit den rosavioletten Blüten wird bis 200 cm hoch, die bis 150 cm hohe Gelbe Wiesenraute (*T. flavum* subsp. *glaucum*, siehe Foto links) bezaubert mit schwefelgelben Blüten über grau bereiften Blättern.
Kultur: Sonnig bis halbschattig. Frischer, mäßig saurer Boden, der nie ganz austrocknen sollte. Die pflegeleichte Staude zum Winterende bis auf den Boden zurückschneiden, im Frühjahr teilen oder aussäen. Für den Uferrand, einzeln oder in Gruppen stehend.

Bezugsadressen

Gartencenter Bollerhey
Eichenberger Straße 19
34233 Fuldatal-Rothwesten
Tel. 05607/7778
Fax 05607/7888
Email: bollerhey@t-online.de
www.bollerhey.de

Gärten Germann
Am Rubsamenwühl 22
87346 Speyer
Tel. 06232/63040
Fax 06232/63041
Email: gaertnerei-germann@
t-online.de
www.gaertnerei-germann.de

renatur GmbH
Charles-Roß-Weg 24
24601 Ruhwinkel
Tel. 04323/9010–0
Fax 04323/9010–33
Email: info@re-natur.de
www.renatur.de

Rothmann + Schieffer
Schützenstr. 32
53343 Wachtberg-Adendorf
Tel. 02225/15656
Email: rothmann-schieffer@
wondernet.de

Stauden Becker
Püttmannstraße
46539 Dinslaken
Tel. 02064/93949
Fax 02064/4720980
Email: info@stauden-becker.de
www.stauden-becker.de

Stauden Ehrhardt
Neustadter Str. 25
91085 Weisendorf
Tel. 09135/1022
Fax 09135/3390
Email: info@stauden-ehrhardt.de
www.stauden-ehrhardt.de

Stauden Junge
Matthias Großmann
Seeangerweg 1
31787 Hameln
Tel. 05151–3470
Fax 05151–924345
Email: info@bluetenblatt.de
www.bluetenblatt.de

Stauden Setter
Neuenkirchener Str. 451
33334 Gütersloh/ Spexard
Tel. 05241/49928
Fax 05241/46847
Email: info@stauden-setter.de
www.stauden-setter.de

Wasserpflanzen Peter
Inh. Jürgen Peter
Hermann-Löns-Weg 121
42697 Solingen
Tel. 0212–78529
Fax 0212–76806
www.wasserpflanzen-peter.de

Fotonachweis

Franck Boucourt: Titelseite und Rücken, 5, 8, 9, 14, 17, 19, 30 links, 31 rechts, 39, 40, 42 links, 47, 51 oben, 51 unten, 55 rechts, 57 rechts, 58 oben, 58 unten, 63, 64 oben, 67 2. v. oben ('Escarboucle'), 67 unten rechts, 70 oben, 71, 75 oben links, 76 links, 76 unten rechts, 78 links, 80, 83 links, 83 rechts, 89 unten links, 89 unten rechts. **Dominique Albert**: 12, 21 oben, 21 unten, 31 links, 48, 49, 60 (4 Fotos), 61 (2 Fotos unten), 66 unten links, 67 unten links ('Hollandia'), 67 oben, 76 oben rechts, 95 oben, 95 unten, 96. **Béatrice Pichon-Clarisse**: 11, 22, 23 (Landschaftsgärtner Pierre Alexandre Risser), 24 (Jardin de la Tomple), 25, 26, 84 (Pépinières/Gärtnerei Specker), 86 unten, 89 oben, 91 oben, 93 unten.
Didier Willery: 38. **MAP/Descat**: 44, 81 unten, 92. **MAP/Noun**: 78. **Hans Reinhard**: 3, 13, 29, 30 rechts, 32, 33, 34, 35, 43, 45, 50 oben; 50 unten, 52 links, 52 rechts, 53 links, 53 rechts, 54, 55 links, 56, 57 links, 59, 61 oben, 68, 69, 70 unten, 72, 73, 74 links, 75 unten rechts, 77, 82, 90 links, 90 rechts, 91 unten, 93 oben. **Nils Reinhard**: hintere Klappe, 18, 85, 87 oben, 94 oben. **Dr. F. Sauer/Frank Hecker**: 6, 36, 41, 42 rechts, 74 rechts. **Frank Hecker**: 62, 74 Mitte. **Thomas Muer**: 81 oben, 87 unten. **Oskar Angerer**: 46. **K. Wachter**: 64 unten links, 64 unten rechts, 65 oben, 65 Mitte, 65 unten. **M. Duff**: 66 ('Hermine'). **E. Morell**: 66 ('Attraction'). **W. Redeleit**: 16, 79, 88. **H.E. Laux**: 37, 94 unten. **GBA/GPL**: 86 oben.
Zeichnungen: Mickaël Mourot.

Pflanzenverzeichnis

Botanische Namen

Acorus calamus 30
Alisma plantago-aquatica 31
Aponogeton distachyos 32
Bistorta officinalis
subsp. *officinalis* 92
Butomus umbellatus 33
Calla palustris 34
Caltha palustris 35
Canna indica 86
Carex elata 86
Ceratophyllum
demersum 36
Chrysosplenium
alternifolium 37
Cyperus
– *longus*
subsp. *longus* 38
– *papyrus* 39
Darmera peltata 87
Eichhornia crassipes 40
Elodea canadensis 41
Equisetum
– *hyemale* 42
– var. *robustum* 42
Eriophorum
– *angustifolium* 43
– *latifolium* 43
Geranium palustre 87
Glyceria maxima 44
Gunnera manicata 88
Hemerocallis 88
Hippuris vulgaris 45
Hydrocharis
morsus-ranae 46
Hydrocotyle vulgaris 47
Iris
– *ensata* 89
– *laevigata* 48
– *pseudacorus* 50
– *versicolor* 51
Juncus
– *effusus* 'Spiralis' 52
– *ensifolius* 52
– *inflexus* 52
Ligularia 90
Lobelia
– *cardinalis* 91
– *siphilitica* 91
Lysichiton
– *americanus* 53
– *camtschatcensis* 53
Lysimachia
– *nummularia* 91
– *punctata* 91
Lythrum salicaria 54
Mentha aquatica 55
Menyanthes trifoliata 56
Mimulus guttatus 57
Myosotis palustris 58
Myriophyllum spicatum 59
Nelumbo
– *lutea* 60
– *nucifera* 60
Nuphar lutea 62
Nymphaea 63
Nymphoides peltata 68
Orontium aquaticum 69
Osmunda regalis 92
Persicaria amphibia 72
Phragmites australis 70
Pistia stratiotes 71
Pontederia cordata 73
Potamogeton crispus 74
– *lucens* 74
– *natans* 74
Primula
– *japonica* 93
– *vialii* 93
Ranunculus
– *aquatilis* 75
– *flammula* 75
– *lingua* 75
Rodgersia 94
Sagittaria
– *lancifolia* 76
– *sagittifolia* 76
Salvinia natans 77
Schoenoplectus lacustris 78
Sparganium
– *emersum* 79
– *erectum* 79
– *natans* 79
Stratiotes aloides 80
Thalictrum
– *aquilegifolium* 94
– *dipterocarpum* 94
– *flavum*
subsp. *glaucum* 94
Trapa natans var. *natans* 81
Typha
– *angustifolia* 82
– *latifolia* 82
– *minima* 83

Deutsche Namen

Binse 52
– Blaugrüne 52
– Korkenzieher- 52
– Schwertblättrige 52
Bitterklee 56
Blumenbinse 32
Blumenrohr 86
Blut-Weiderich 54
Bronzeblatt 94
Froschbiss,
Europäischer 46
Froschlöffel,
Gewöhnlicher 31
Gauklerblume,
Gewöhnliche 57
Gilbweiderich 91
– Pfennig- 91
– Punktierter 91
Goldkeule 69
Hahnenfuß 75
– Brennender 75
– Wasser- 75
– Zungen- 75
Hechtkraut,
Herzförmiges 73
Hornblatt, Raues 36
Igelkolben 79
– Ästiger 79
– Einfacher 79
– Zwerg- 79
Kalmus 30
Kap-Wasserähre 32
Königsfarn 92
Krebsschere 80
Kreuzkraut 90
Laichkraut 74
– Glänzendes 74
– Krauses 74
– Schwimmendes 74
Lobelie 91
– Kardinals- 91
Lotosblume 60
Mammutblatt 88
Milzkraut 37
Papyrusstaude 39
Pfeilkraut 76
Primel 93
– Japanische Etagen- 93
– Orchideen- 93
Rohrkolben 82
– Breitblättriger 82
– Schmalblättriger 82
– Zwerg- 83
Schachtelhalm 42
Schaublatt 94
Scheinkalla 53
– Gelbe 53
– Weiße 53
Schildblatt 87
Schilf, Gewöhnliches 70
Schlangenwurz 34
Schwaden, Großer 44
Schwertlilie,
Verschiedenfarbige 51
Schwimmfarn,
Gewöhnlicher 77
Seekanne,
Gewöhnliche 68
Seerose 63
Segge, Steife 86
Sumpf-Dotterblume 35
Sumpf-Schwertlilie 50
– Asiatische 48
– Japanische 89
Sumpf-Storchschnabel 87
Sumpf-Vergissmeinnicht 58
Taglilie 88
Tannenwedel 45
Tausendblatt 59
– Brasilianisches 59
Teichrose, Gelbe 62
Teichsimse,
Gewöhnliche 78
Wasser-Hahnenfuß,
Gewöhnlicher 75
Wasserhyazinthe 40
Wasser-Knöterich 72
Wasser-Minze 55
Wassernabel,
Gewöhnlicher 47
Wassernuss,
Gewöhnliche 81
Wasserpest,
Kanadische 41
Wassersalat 71
Wiesenknöterich,
Schlangen- 92
Wiesenraute 94
– Akeleiblättrige 94
– Chinesische 94
– Gelbe 94
Winter-Schachtelhalm 42
Wollgras 43
– Breitblättriges 43
– Schmalblättriges 43
Zypergras, Hohes 38